생각이 자라는 의문사
단계별 읽기이해

김영희 · 김민정 저

할수있어! - 기초편: 읽고 생각하기

생각이 자라는 의문사
단계별 읽기이해

인지선생님과 언어선생님이 만든
읽기이해 기초편

❓ 읽기이해

'읽기이해'란 글을 읽고 뜻을 이해하는 능력을 말한다.
읽기의 의미에는 읽고 이해하는 과정이 자동으로 포함된다.
우리는 글을 읽음과 동시에 의미 해석이 가능하다.
하지만 글 읽기와 해석하는 능력이 통합되지 않은 아이는
읽고 해석하는 과정이 어렵다.
'읽기이해'의 기본은 의문사 이해 능력이다.
의문사 이해 능력이 부족하면 글을 읽더라도
해석의 단계까지 이를 수 없다.
그러므로 읽기이해 향상을 위해서는 아이의 수준에 따른
의문사 단계별 읽기이해 프로그램이 체계적으로 제공되어야 한다.

1. '읽기이해'란 글을 읽고 뜻을 이해하는 능력을 말한다.

'생각이 자라는 의문사 단계별 읽기이해'는 의문사 이해를 바탕으로 한 단계별 읽기이해 프로그램이다. '생각이 자라는 의문사 단계별 읽기이해'를 통해 아이는 읽음과 동시에 의미가 해석되어 읽기 능력이 향상된다.

2. '생각이 자라는 의문사 단계별 읽기이해'는 읽기이해를 위한 다음의 과정을 제공한다.

① 의문사 단계별로 글감이 제공된다.
② 짧은 문장에서 점차 긴 문장으로 제공된다.
③ 기초인지, 지각처리, 개념이해를 위한 글감이 제공된다.
④ 친근한 일상 관련 글감이 제공된다.
⑤ 글과 관련된 생각 과정이 제공된다.
⑥ 부모가 활용할 수 있는 문항을 제공하여 사고의 확장을 돕는다.
⑦ 학습 교재임과 동시에 언어 재활 교재로 사용할 수 있다.
⑧ 상황인지와 화용언어 수업을 위한 이야기 활동 주제로 활용할 수 있다.

3. '생각이 자라는 의문사 단계별 읽기이해'의 효과는 다음과 같다.

① 의문사 단계별로 글을 제공하여 의문사 이해 능력을 향상시킨다.
② 질문의 유형이 바뀌어도 아이는 이해하고 답할 수 있다.
③ 의문사가 어느 위치에 놓여도 아이는 이해하고 답할 수 있다.
④ 다양한 내용과 길이의 글을 제공하여 읽기이해를 향상시킨다.
⑤ 기초인지, 범주, 일상 관련 글이 제공되므로 인지능력과 언어능력이 향상된다.
⑥ 일상 관련 글 읽기와 이해를 통해 간접경험의 기회를 제공한다.
⑦ 반복하여 읽기를 통해 시·청지각 통합능력을 향상시킨다.
⑧ 글 읽기 후 생각과 느낌, 이야기 나누는 과정을 제공하여 사고를 확장시켜준다.
⑨ 일상의 경험을 관찰하고 해석하도록 도와 지각 능력과 판단 능력을 향상시킨다.
⑩ 다양한 명사와 동사, 형용사의 활용으로 어휘발달에 도움을 준다.

4. '생각이 자라는 의문사 단계별 읽기이해'는 다음과 같이 지도한다.

① 일반적인 지도 방법
읽기이해가 약한 아이에게는 선생님이 먼저 읽기 문장을 읽어주고 그다음 아이가 여러 번 반복해서 읽게 한다. 그 후 선생님이 읽어주는 청각적 단서는 점차 줄여나간다.
여러 번 반복해서 읽히면 읽기 유창성이 좋아지고 읽기 문장에 대한 이해도가 높아져 성취감을 느끼게 된다.

② 새로운 어휘와 익숙하지 않은 문장을 어려워하는 아이의 지도 방법
받침이 복잡한 새로운 어휘나 익숙하지 않은 문장은 읽기 유창성을 방해한다. 아이가 어려워하는 경우 선생님이 함께 읽어준다. 그래도 어려워할 경우는 아이에게 바로 알려주기보다는 예를 들어 설명해주어 아이 스스로 읽을 수 있도록 지도한다.

③ 시지각이 약하거나 주의가 짧은 아이의 지도 방법
각 문장마다 앞부분에 번호를 붙여 아이가 문장을 쉽게 기억하여 문제 풀이를 할 수 있도록 돕는다.

④ 읽기 문장을 이해하기 어려워하는 아이의 지도 방법
제공된 읽기 문장과 관련된 선생님의 경험 이야기를 들려주어 이해를 돕는다.

⑤ 언어발달을 돕는 지도 방법
읽고 답을 찾는 과정에서 아이가 답을 찾고 쓰기가 가능했다면 완전한 문장으로 표현하도록 이끌어 언어발달을 돕는다.
아이가 어려워하는 경우 선생님은 모델링을 해주되 아이 스스로 완전한 문장으로 설명할 수 있도록 이끄는 게 핵심이다.

⑥ 읽기이해의 빠른 처리 속도를 돕는 지도 방법
아이가 글감 관련 경험을 유추해내도록 이끌면 읽기이해의 속도가 빨라진다.

생각이 자라는 의문사
단계별 읽기이해

인지선생님과 언어선생님이 만든
읽기이해 기초편

CONTENTS
목차

- **01** 의문사 '누구' 이해하기 · 10
- **02** 의문사 '무엇' 이해하기 · 24
- **03** 의문사 '어디' 이해하기 · 36
- **04** 의문사 '언제' 이해하기 · 56

| 05 | 의문사 '어떻게', '어때' 이해하기 | • 72 |

| 06 | 인칭대명사 '누구' 이해하기 | • 84 |

| 07 | 의문사 '왜' 이해하기 | • 96 |

1) 기초인지 인과관계 이해하기
2) 주제별 인과관계 이해하기
3) 추론 선택 인과관계 이해하기
4) 추론 인과관계 이해하기
5) 추론 비유 선택 인과관계 이해하기
6) 추론 비유 인과관계 이해하기
7) 다양한 두 문장 인과관계 이해하기
8) 순서 인과관계 이해하기

| 08 | 짧은 글 이해하기 | • 140 |

| 09 | 비교하기 이해하기 | • 166 |

1) 기초인지 선택 비교하기 이해하기
2) 공통점과 차이점 이해하기
3) 비교 글 이해하기

1

의문사 '누구' 이해하기

1. 의문사 '누구' 이해하기

📖 내가 읽어볼게

엄마는 머리가 길어요.

✏️ 누가 머리가 길어요?

📖 내가 읽어볼게

아빠는 머리가 짧아요.

✏️ 누가 머리가 짧아요?

📖 내가 읽어볼게

할머니는 흰머리가 적어요.

✏️ 누가 흰머리가 적어요?

📖 내가 읽어볼게

할아버지는 흰머리가 많아요.

✏️ 누가 흰머리가 많아요?

이름:　　　　　　날짜:

📖 내가 읽어볼게

형이 폴짝폴짝 뛰어가요.

✏️ 폴짝폴짝 누가 뛰어가요?

📖 내가 읽어볼게

누나가 콩콩 점프해요.

✏️ 콩콩 누가 점프해요?

📖 내가 읽어볼게

동생이 빙글빙글 돌아요.

✏️ 빙글빙글 누가 돌아요?

📖 내가 읽어볼게

아기가 아장아장 걸어요.

✏️ 아장아장 누가 걸어요?

1. 의문사 '누구' 이해하기

📖 내가 읽어볼게

공원에서 예림이를 밀었어요.

✏️ 공원에서 누구를 밀었어요?

📖 내가 읽어볼게

학교에서 선생님을 만났어요.

✏️ 학교에서 누구를 만났어요?

📖 내가 읽어볼게

민찬이는 정원이를 좋아해요.

✏️ 민찬이는 누구를 좋아해요?

📖 내가 읽어볼게

우찬이는 민정이를 싫어해요.

✏️ 우찬이는 누구를 싫어해요?

이름:　　　　　날짜:

📖 내가 읽어볼게

물개는 헤엄치기 선수입니다.

✏️ 헤엄치기 선수는 누구일까요?

📖 내가 읽어볼게

치타는 달리기 선수입니다.

✏️ 달리기 선수는 누구일까요?

📖 내가 읽어볼게

거북이는 느림보 대장입니다.

✏️ 느림보 대장은 누구일까요?

📖 내가 읽어볼게

돼지는 먹보 대장입니다.

✏️ 먹보 대장은 누구일까요?

1. 의문사 '누구' 이해하기

📖 내가 읽어볼게

도영이는 왕자님처럼 멋져요.

✏️ 도영이는 누구처럼 멋져요?

📖 내가 읽어볼게

미소는 공주님처럼 예뻐요.

✏️ 미소는 누구처럼 예뻐요?

📖 내가 읽어볼게

민찬이는 에디처럼 똑똑해요.

✏️ 민찬이는 누구처럼 똑똑해요?

📖 내가 읽어볼게

아빠는 개미처럼 부지런해요.

✏️ 아빠는 누구처럼 부지런해요?

이름: 날짜:

📘 내가 읽어볼게

주방에서 엄마가 바쁘게 요리해요.

✏️ 주방에서 누가 바쁘게 요리해요?

📘 내가 읽어볼게

미용실에서 동생이 머리를 잘라요.

✏️ 미용실에서 누가 머리를 잘라요?

📘 내가 읽어볼게

도서관에서 누나가 시끄럽게 떠들어요.

✏️ 도서관에서 누가 시끄럽게 떠들어요?

📘 내가 읽어볼게

캠핑장에서 아빠가 모닥불을 피워요.

✏️ 캠핑장에서 누가 모닥불을 피워요?

1. 의문사 '누구' 이해하기

📖 내가 읽어볼게

형한테는 축구공이 있어요.

✏️ 누구한테 축구공이 있어요?

📖 내가 읽어볼게

미용사한테는 가위가 있어요.

✏️ 누구한테 가위가 있어요?

📖 내가 읽어볼게

아빠한테는 자동차가 있어요.

✏️ 누구한테 자동차가 있어요?

📖 내가 읽어볼게

수영선수한테는 물안경이 있어요.

✏️ 누구한테 물안경이 있어요?

이름:　　　　　날짜:

📖 내가 읽어볼게

엄마가 이모한테 사과를 주었어요.

✏️ 엄마가 누구한테 사과를 주었어요?

📖 내가 읽어볼게

민정이가 영희한테 인사를 했어요.

✏️ 민정이가 누구한테 인사를 했나요?

📖 내가 읽어볼게

민주는 윤경이한테 선물을 받았어요.

✏️ 민주는 누구한테 선물을 받았어요?

📖 내가 읽어볼게

아빠가 엄마한테 가방을 맡겼어요.

✏️ 아빠가 누구한테 가방을 맡겼나요?

1. 의문사 '누구' 이해하기

📖 내가 읽어볼게

할머니와 할아버지가 산에 가요.

✏️ 누구와 누가 산에 가요?

📖 내가 읽어볼게

민정이와 수정이는 아이스크림을 먹어요.

✏️ 누구와 누가 아이스크림을 먹어요?

📖 내가 읽어볼게

동생과 나는 놀이터에 갔어요.

✏️ 누구와 누가 놀이터에 갔어요?

📖 내가 읽어볼게

아빠와 엄마가 산책을 해요.

✏️ 누구와 누가 산책을 해요?

이름:　　　　　　날짜:

📖 내가 읽어볼게

　놀이터에서 수정이와 민정이가 놀았어요.

✏️ 놀이터에서 누구와 누가 놀았어요?

📖 내가 읽어볼게

　도서관에서 민선이와 지현이가 공부해요.

✏️ 도서관에서 누구와 누가 공부해요?

📖 내가 읽어볼게

　아빠와 엄마가 마트에 갔어요.

✏️ 마트에 간 사람은 누구와 누구인가요?

📖 내가 읽어볼게

　고래와 상어는 바다에 살아요.

✏️ 바다에 사는 동물은 누구와 누구인가요?

1. 의문사 '누구' 이해하기

📖 내가 읽어볼게

아기가 엄마한테 기어가요.

✏️ 누가 누구한테 기어가요?

📖 내가 읽어볼게

엄마가 아기한테 걸어왔어요.

✏️ 누가 누구한테 걸어왔어요?

📖 내가 읽어볼게

민지는 언니한테 선물을 받았어요.

✏️ 누가 누구한테 선물을 받았어요?

📖 내가 읽어볼게

선생님이 민지한테 선물을 주었어요.

✏️ 누가 누구한테 선물을 주었어요?

이름:　　　　　　날짜:

📖 내가 읽어볼게

경찰 아저씨가 도둑한테 수갑을 채웠어요.

✏️ 누가 누구한테 수갑을 채웠어요?

📖 내가 읽어볼게

약사 선생님이 누나한테 물약을 주었어요.

✏️ 누가 누구한테 물약을 주었나요?

📖 내가 읽어볼게

간호사가 동생한테 주사를 놓어요.

✏️ 누가 누구한테 주사를 놓어요?

📖 내가 읽어볼게

택배 아저씨가 아빠한테 상자를 주었어요.

✏️ 누가 누구한테 상자를 주었나요?

 Tip　'오다/가다, 주다/받다' 개념을 어려워하는 아이들이 많습니다. 이는 주체의 중심에서 상황이 어떻게 흘러가는지를 해석해야 하는 과정이 포함되고 하나의 상황이 보는 관점이나 위치에 따라 반대의 관계에 있기 때문입니다. 실제 시연하면서 이해하도록 도와주면 좋습니다.

의문사 '무엇' 이해하기

2. 의문사 '무엇' 이해하기

📖 내가 읽어볼게

지렁이가 꿈틀꿈틀 기어가요.

✏️ 뭐가 꿈틀꿈틀 기어가요?

📖 내가 읽어볼게

나비가 훨훨 날아가요.

✏️ 뭐가 훨훨 날아가요?

📖 내가 읽어볼게

개미가 영차영차 걸어가요.

✏️ 뭐가 영차영차 걸어가요?

📖 내가 읽어볼게

매미가 맴맴 울어요.

✏️ 뭐가 맴맴 울어요?

이름:　　　　　　날짜:

📖 내가 읽어볼게

트럭이 쌩하고 지나가요.

✏️ 쌩하고 뭐가 지나가요?

📖 내가 읽어볼게

고속버스가 터널로 들어가요.

✏️ 터널로 뭐가 들어가요?

📖 내가 읽어볼게

정문에 택시가 도착했어요.

✏️ 정문에 뭐가 도착했나요?

📖 내가 읽어볼게

주차장에 자동차가 있어요.

✏️ 주차장에 뭐가 있어요?

2. 의문사 '무엇' 이해하기

📖 내가 읽어볼게

형은 가끔 운동을 해요.

✏️ 형은 가끔 무엇을 해요?

📖 내가 읽어볼게

나는 매일 학습지를 해요.

✏️ 나는 매일 무엇을 하나요?

📖 내가 읽어볼게

엄마는 아침마다 청소를 해요.

✏️ 엄마는 아침마다 무엇을 해요?

📖 내가 읽어볼게

아빠는 자주 커피를 마셔요.

✏️ 아빠는 자주 무엇을 마셔요?

이름: 날짜:

📖 내가 읽어볼게

소방관이 산불을 끄고 있어요.

✏️ 소방관이 무엇을 하고 있어요?

📖 내가 읽어볼게

약사 선생님이 약을 설명하고 있어요.

✏️ 약사 선생님이 무엇을 하고 있나요?

📖 내가 읽어볼게

경찰관이 교통정리를 하고 있어요.

✏️ 경찰관이 무엇을 하고 있어요?

📖 내가 읽어볼게

군인은 나라를 지키고 있어요.

✏️ 군인은 무엇을 하고 있나요?

2. 의문사 '무엇' 이해하기

📖 내가 읽어볼게

바구니에 장난감 자동차가 많아요.

✏️ 바구니에 무엇이 많아요?

📖 내가 읽어볼게

거실 책꽂이에 책들이 많아요.

✏️ 거실 책꽂이에 무엇이 많나요?

📖 내가 읽어볼게

싱크대 안에 그릇이 많아요.

✏️ 싱크대 안에 무엇이 많아요?

📖 내가 읽어볼게

침대 아래에 먼지가 많아요.

✏️ 침대 아래에 무엇이 많나요?

이름: 날짜:

📖 내가 읽어볼게

드라이기로 젖은 머리를 말렸어요.

✏️ 무엇으로 젖은 머리를 말렸어요?

📖 내가 읽어볼게

드라이버로 장난감 나사를 풀어요.

✏️ 뭐로 장난감 나사를 풀어요?

📖 내가 읽어볼게

다리미로 구겨진 옷을 다려요.

✏️ 무엇으로 구겨진 옷을 다려요?

📖 내가 읽어볼게

믹서기로 과일주스를 만들어요.

✏️ 뭐로 과일주스를 만들어요?

2. 의문사 '무엇' 이해하기

📖 내가 읽어볼게

아저씨가 삽으로 땅을 파요.

✏️ 아저씨가 뭐로 땅을 파요?

📖 내가 읽어볼게

수범이가 잠자리채로 잠자리를 잡아요.

✏️ 수범이가 무엇으로 잠자리를 잡아요?

📖 내가 읽어볼게

코끼리는 코로 물을 마셔요.

✏️ 코끼리는 뭐로 물을 마셔요?

📖 내가 읽어볼게

원숭이는 꼬리로 나무에 매달려요.

✏️ 원숭이는 무엇으로 나무에 매달려요?

이름:　　　　　　날짜:

📖 내가 읽어볼게

치타는 자동차처럼 빨라요.

✏️ 치타는 무엇처럼 빨라요?

📖 내가 읽어볼게

바닷물이 소금처럼 짜요.

✏️ 바닷물이 무엇처럼 짠가요?

📖 내가 읽어볼게

사탕이 얼음처럼 딱딱해요.

✏️ 사탕이 무엇처럼 딱딱해요?

📖 내가 읽어볼게

아이스크림이 눈처럼 차가워요.

✏️ 아이스크림이 무엇처럼 차가워요?

2. 의문사 '무엇' 이해하기

📖 내가 읽어볼게

물감과 색연필로 그림을 그렸어요.

✏️ 무엇과 무엇으로 그림을 그렸어요?

📖 내가 읽어볼게

인사와 배려는 나에게 중요해요.

✏️ 무엇과 무엇이 나에게 중요해요?

📖 내가 읽어볼게

하늘과 우주만큼 아빠를 사랑해요.

✏️ 무엇과 무엇만큼 아빠를 사랑해요?

📖 내가 읽어볼게

케이크와 우유를 간식으로 먹었어요.

✏️ 무엇과 무엇을 간식으로 먹었어요?

이름:　　　　　날짜:

📖 내가 읽어볼게

주방에 냉장고와 전기밥솥이 있어요.

✏️ 주방에 있는 것은 무엇과 무엇인가요?

📖 내가 읽어볼게

안방에는 침대와 서랍장이 있어요.

✏️ 안방에 있는 것은 무엇과 무엇인가요?

📖 내가 읽어볼게

현관에는 킥보드와 자전거가 있어요.

✏️ 현관에 있는 것은 무엇과 무엇인가요?

📖 내가 읽어볼게

거실에는 소파와 텔레비전이 있어요.

✏️ 거실에 있는 것은 무엇과 무엇인가요?

3

의문사 '어디' 이해하기

3. 의문사 '어디' 이해하기

📖 내가 읽어볼게

공항에서 비행기를 탔어요.

✏️ 어디에서 비행기를 탔나요?

📖 내가 읽어볼게

휴게소에서 라면을 먹었어요.

✏️ 어디에서 라면을 먹었어요?

📖 내가 읽어볼게

영어학원에서 알파벳을 배워요.

✏️ 어디에서 알파벳을 배워요?

📖 내가 읽어볼게

태권도학원에서 발차기를 했어요.

✏️ 어디에서 발차기를 했어요?

이름: 날짜:

📖 내가 읽어볼게

왼쪽으로 가면 세탁소가 있어요.

✏️ 어디로 가면 세탁소가 있어요?

📖 내가 읽어볼게

오른쪽으로 가면 미용실이 있어요.

✏️ 어디로 가면 미용실이 있나요?

📖 내가 읽어볼게

2층으로 가면 학원이 있어요.

✏️ 어디로 가면 학원이 있어요?

📖 내가 읽어볼게

지하로 가면 주차장이 나와요.

✏️ 어디로 가면 주차장이 나와요?

3. 의문사 '어디' 이해하기

📖 내가 읽어볼게

더러운 양말은 빨래 통에 넣자.

✏️ 더러운 양말은 어디에 넣어요?

📖 내가 읽어볼게

안 입는 옷은 서랍에 넣어두자.

✏️ 안 입는 옷은 어디에 넣어요?

📖 내가 읽어볼게

젖은 옷은 건조대에 널자.

✏️ 젖은 옷은 어디에 널어요?

📖 내가 읽어볼게

벗은 잠바는 옷걸이에 걸어두자.

✏️ 벗은 잠바는 어디에 걸어요?

이름:　　　　　날짜:

📖 내가 읽어볼게

숨이 차서 바닥에 털썩 앉았어요.

✏️ 털썩 앉은 곳은 어디인가요?

📖 내가 읽어볼게

드디어 산 정상에 도착했어요.

✏️ 도착한 곳은 어디인가요?

📖 내가 읽어볼게

산꼭대기에서 "야호"를 외쳤어요.

✏️ "야호" 하고 외친 곳은 어디인가요?

📖 내가 읽어볼게

평평한 바위에서 점심을 먹었어요.

✏️ 점심을 먹은 곳은 어디인가요?

3. 의문사 '어디' 이해하기

📖 내가 읽어볼게

오늘 마트와 병원에 갔어요.

✏️ 오늘 어디와 어디에 갔어요?

📖 내가 읽어볼게

주말에 박물관과 바닷가에 다녀왔어요.

✏️ 주말에 어디와 어디에 다녀왔나요?

📖 내가 읽어볼게

병원에서 눈과 코를 치료했어요.

✏️ 병원에서 어디 어디를 치료했어요?

📖 내가 읽어볼게

엄마가 사진을 책상과 책꽂이에 두었어요.

✏️ 엄마가 사진을 어디 어디에 두었나요?

이름: 날짜:

📖 내가 읽어볼게

공원에서 집까지 걸어왔어요.

✏️ 어디에서 어디까지 걸어왔어요?

📖 내가 읽어볼게

정문에서 교실까지 뛰어갔어요.

✏️ 어디에서 어디까지 뛰어갔나요?

📖 내가 읽어볼게

머리부터 발끝까지 깨끗하게 씻었어요.

✏️ 어디부터 어디까지 깨끗하게 씻었어요?

📖 내가 읽어볼게

1쪽부터 10쪽까지 학습지를 풀었어요.

✏️ 어디부터 어디까지 학습지를 풀었나요?

3. 의문사 '어디' 이해하기

📖 내가 읽어볼게

어디가 아파서 오셨나요?
선생님, 머리와 배가 아파요.

✏️ 어디가 아픈가요?

📖 내가 읽어볼게

자, 진찰대에 앉으세요.
숨을 크게 들이마시고 다시 내쉬세요.

✏️ 어디에 앉으라고 했어요?

이름: 날짜:

📖 내가 읽어볼게

입을 크게 벌리세요.
입을 작게 벌리면 입 안이 안 보여요.

✏️ 어디를 크게 벌리라고 했어요?

📖 내가 읽어볼게

목이 빨갛게 부었어요.
따듯한 물을 마시면 좋아요.

✏️ 어디가 빨갛게 부었어요?

3. 의문사 '어디' 이해하기

📖 **내가 읽어볼게**

머리가 너무 길다.
엄마랑 오늘 미용실에 가자.

✏️ 엄마가 어디에 가자고 했어요?

📖 **내가 읽어볼게**

머리가 길면 지저분해 보여.
앞머리를 조금 자르자.

✏️ 어디를 조금 자르자고 했나요?

이름: 날짜:

📖 내가 읽어볼게

많이 기다려야겠다.
미용실에 손님이 너무 많아.

✏️ 어디에 손님이 많다고 했어요?

📖 내가 읽어볼게

앞머리 자를 때 입을 벌리지 마.
입으로 머리카락이 들어가.

✏️ 어디로 머리카락이 들어간다고 했나요?

3. 의문사 '어디' 이해하기

> 📖 내가 읽어볼게

매표소에서 표를 사 올게.
엄마 옆에 가만히 서 있어.

✏️ 1. 어디에 가만히 서 있어요?

2. 엄마가 어디에서 표를 사 올까요?

> 📖 내가 읽어볼게

지금 영화관으로 들어가야 해.
영화가 시작되기 전에 화장실에 다녀오자.

✏️ 1. 지금 어디로 들어가야 해요?

2. 영화가 시작되기 전에 어디에 다녀올까요?

이름: 날짜:

📖 내가 읽어볼게

영화관이 어두우니까 조심히 들어가자.
우리 자리는 제일 뒷자리야.

✏️ 1. 어디가 어두우니 조심히 들어가요?

2. 우리 자리는 어디라고 했어요?

📖 내가 읽어볼게

영화관에서 앞자리를 발로 차지 마.
의자에 얌전히 앉아 있어.

✏️ 1. 어디에 얌전히 앉아 있어야 해요?

2. 어디를 발로 차지 말라고 했나요?

3. 의문사 '어디' 이해하기

📖 내가 읽어볼게

우리 형은 혼자 있는 것을 좋아해요.
컴퓨터 방에서 게임만 해요.

✏️ 1. 누가 혼자 있는 것을 좋아해요?

2. 어디에서 게임만 해요?

📖 내가 읽어볼게

엄마가 주방에서 요리를 해요.
오늘의 요리는 스파게티입니다.

✏️ 1. 엄마가 어디에서 요리를 하나요?

2. 오늘의 요리는 무엇인가요?

이름:　　　　　날짜:

📖 내가 읽어볼게

아빠는 쉬는 날엔 잠만 자요.
소파에 하루 종일 누워 있어요.

✏️ 1. 아빠는 쉬는 날엔 무엇을 해요?

2. 어디에 하루 종일 누워 있어요?

📖 내가 읽어볼게

내 동생은 방귀 대장이에요.
지독한 방귀를 이불 속에서 뀌었어요.

✏️ 1. 지독한 방귀를 어디에서 뀌었나요?

2. 누가 방귀 대장인가요?

3. 의문사 '어디' 이해하기

내가 읽어볼게

원숭이는 나무 타기를 잘해요.
장난을 치다가 나무에서 떨어졌어요.

1. 뭐가 나무 타기를 잘해요?

2. 원숭이가 어디에서 떨어졌어요?

내가 읽어볼게

두더지는 땅을 잘 파요.
두더지가 땅속에 숨어있어요.

1. 두더지가 어디에 숨어있어요?

2. 뭐가 땅을 잘 파요?

이름:　　　　　　　날짜:

📖 내가 읽어볼게

치타는 달리기를 잘해요.
치타가 들판을 달리고 있어요.

✏️ 1. 뭐가 달리기를 잘해요?

2. 치타가 어디를 달리고 있어요?

📖 내가 읽어볼게

펭귄은 뒤뚱뒤뚱 걸어요.
펭귄은 바다에서 헤엄을 잘 쳐요.

✏️ 1. 펭귄은 어디에서 헤엄을 잘 쳐요?

2. 뭐가 뒤뚱뒤뚱 걸어요?

3. 의문사 '어디' 이해하기

📖 내가 읽어볼게

형의 양말이 지저분해요.
지저분한 양말을 세탁기에 넣었어요.

✏️ 1. 지저분한 양말을 어디에 넣었어요?

2. 누구의 양말이 지저분해요?

📖 내가 읽어볼게

엄마가 청소기를 돌려요.
바닥에 있는 장난감을 치워야 해요.

✏️ 1. 어디에 있는 장난감을 치워야 해요?

2. 누가 청소기를 돌려요?

이름:　　　　　날짜:

📖 내가 읽어볼게

아빠가 다리미로 옷을 다려요.
다리미 근처로 가면 위험해요.

✏️ 1. 어디로 가면 위험해요?

2. 아빠가 무엇으로 옷을 다려요?

📖 내가 읽어볼게

전자레인지 안에 냉동 피자를 넣어요.
피자에서 김이 모락모락 나요.

✏️ 1. 어디 안에 냉동 피자를 넣어요?

2. 피자에서 무엇이 모락모락 나요?

의문사 '언제' 이해하기

4. 의문사 '언제' 이해하기

📖 내가 읽어볼게

아까 밥을 먹었잖아.

✏️ 언제 밥을 먹었나요?

📖 내가 읽어볼게

이따가 간식을 줄게.

✏️ 언제 간식을 준다고 했어요?

📖 내가 읽어볼게

지금 많이 먹지 마.

✏️ 언제 많이 먹지 말라고 했어요?

📖 내가 읽어볼게

방금 전에 손을 씻었어.

✏️ 언제 손을 씻었어요?

이름: 날짜:

📖 내가 읽어볼게

밤에 뛰면 안 돼.

✏️ 언제 뛰면 안 돼요?

📖 내가 읽어볼게

아침에 꼭 양치질하자.

✏️ 언제 꼭 양치질해요?

📖 내가 읽어볼게

낮에 할머니가 오신대.

✏️ 언제 할머니가 오세요?

📖 내가 읽어볼게

새벽에 무서우면 안방으로 와.

✏️ 언제 안방으로 오라고 했나요?

4. 의문사 '언제' 이해하기

> 📖 내가 읽어볼게

학교에 갔다 와서 먹자.

✏️ 언제 먹자고 했나요?

> 📖 내가 읽어볼게

자기 전에 책을 읽어줄게.

✏️ 언제 책을 읽어줘요?

> 📖 내가 읽어볼게

숙제를 끝낸 후 놀기로 해.

✏️ 언제 놀자고 했어요?

> 📖 내가 읽어볼게

밥을 먹은 후에 양치해.

✏️ 언제 양치해요?

이름:　　　　　날짜:

📖 내가 읽어볼게

다음 주 월요일에 현장체험 학습을 가요.

✏️ 현장체험 학습을 가는 날은 언제인가요?

📖 내가 읽어볼게

목요일 급식 시간에 특별 메뉴가 나와요.

✏️ 특별 메뉴가 나오는 날은 언제인가요?

📖 내가 읽어볼게

수요일에 늦잠을 자서 지각했어요.

✏️ 지각을 한 날은 언제인가요?

📖 내가 읽어볼게

월요일 쉬는 시간에 보드게임을 했어요.

✏️ 보드게임을 한 날은 언제인가요?

4. 의문사 '언제' 이해하기

📖 내가 읽어볼게

오늘 아침에 늦잠을 잤어요.
나는 허둥지둥 학교로 달려갔어요.

✏️ 언제 늦잠을 잤어요?

📖 내가 읽어볼게

일요일 아침에 등산을 했어요.
숨도 차고 땀도 많이 났어요.

✏️ 언제 등산을 했나요?

이름: 　　　　　　　　날짜: 　　　　　　　　　　

📖 내가 읽어볼게

내일은 비가 온대요.
우산을 챙겨야 해요.

✏️ 언제 비가 온대요?

📖 내가 읽어볼게

밤에 큰 산불이 났어요.
소방관 아저씨들이 출동했어요.

✏️ 언제 큰 산불이 났나요?

4. 의문사 '언제' 이해하기

📖 내가 읽어볼게

"아빠, 언제 집에 오세요?"
아빠는 회식이 있어서 밤늦게 온대요.

✏️ 아빠가 언제 집에 온다고 했어요?

📖 내가 읽어볼게

"누나, 목요일에 피아노 대회가 있지?"
누나가 연습할 때는 방해하지 말래요.

✏️ 피아노 대회가 언제 있나요?

이름:　　　　　　　날짜:

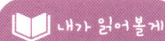

"엄마, 내 장갑은 어디에 있어요?"
엄마가 어제 책상 위에 두었대요.

✏️ 장갑을 언제 책상 위에 두었어요?

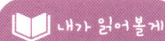

"5분 후에 공부를 시작할 거야!"
노는 시간이 끝나간대요.

✏️ 공부를 언제 시작한다고 했나요?

4. 의문사 '언제' 이해하기

📖 **내가 읽어볼게**

하루에 3번 양치해요.
아침, 점심, 자기 전에 양치해요.

✏️ 1. 하루에 몇 번 양치해요?

2. 나는 언제 양치해요?

📖 **내가 읽어볼게**

하루에 3번 밥을 먹어요.
아침, 점심, 저녁에 밥을 먹어요.

✏️ 1. 하루에 몇 번 밥을 먹어요?

2. 나는 언제 밥을 먹나요?

이름:　　　　　날짜:

📖 내가 읽어볼게

나는 하루에 2번 세수를 해요.
아침과 저녁에 세수를 해요.

✏️ 1. 나는 언제 세수를 해요?

2. 나는 하루에 몇 번 세수를 해요?

📖 내가 읽어볼게

아빠와 일주일에 한 번 축구를 해요.
아빠는 주말만 시간이 된대요.

✏️ 1. 아빠는 언제 시간이 된대요?

2. 아빠와 일주일에 몇 번 축구를 해요?

4. 의문사 '언제' 이해하기

내가 읽어볼게

월요일부터 수요일까지 전시회가 열려요.
친구들과 전시회 구경을 갔어요.

✏️ 언제부터 언제까지 전시회가 열려요?

내가 읽어볼게

6월부터 8월까지 여름입니다.
여름은 날씨가 덥습니다.

✏️ 언제부터 언제까지 여름인가요?

이름: 날짜:

📖 내가 읽어볼게

어제 아침부터 오늘 아침까지 비가 내렸어요.
비가 많이 와서 도로가 잠겼어요.

✏️ 언제부터 언제까지 비가 내렸어요?

📖 내가 읽어볼게

1일부터 5일까지 휴가를 떠나요.
제주도로 갈 예정이에요.

✏️ 언제부터 언제까지 휴가를 떠나요?

4. 의문사 '언제' 이해하기

📖 내가 읽어볼게

5월 5일은 어린이날입니다.
12월 25일은 크리스마스입니다.
모두 선물을 받는 날이라서 좋아요.

✏️ 1. 어린이날은 언제인가요?

2. 크리스마스는 몇 월 며칠인가요?

📖 내가 읽어볼게

5월 8일은 어버이날입니다.
어버이날은 부모님께 감사의 마음을 전하는 날입니다.
예쁜 카네이션과 함께 사랑한다고 표현해 주세요.

✏️ 1. 어버이날은 언제인가요?

2. 어버이날은 어떤 날인가요?

이름:　　　　　　　　날짜:

📖 내가 읽어볼게

내 생일은 9월 8일입니다.
생일은 내가 태어난 날입니다.
엄마! 낳아주셔서 감사합니다.

✏️ 1. 내 생일은 언제인가요?

2. 나는 누구한테 감사하다고 했어요?

📖 내가 읽어볼게

10월 9일은 한글날입니다.
세종대왕이 한글을 만든 것을 기념하는 날이에요.
"한글은 세계가 인정하는 훌륭한 문자입니다."

✏️ 1. 한글날은 언제인가요?

2. 한글은 어떤 문자인가요?

5

의문사 '어떻게', '어때' 이해하기

5. 의문사 '어떻게', '어때' 이해하기

📖 내가 읽어볼게

색깔별로 분류해 보자.

✏️ 어떻게 분류하자고 했나요?

📖 내가 읽어볼게

바른 자세로 공부하렴.

✏️ 어떻게 공부하라고 했어요?

📖 내가 읽어볼게

아빠 다리를 하고 앉으렴.

✏️ 어떻게 앉으라고 했나요?

📖 내가 읽어볼게

장난감을 크기별로 정리하자.

✏️ 어떻게 장난감을 정리하자고 했어요?

이름:　　　　　　날짜:　　　　　　　　

📖 내가 읽어볼게

코끼리는 덩치가 크고 코가 길어요.

✏️ 코끼리는 어떻게 생겼어요?

📖 내가 읽어볼게

도깨비는 뿔이 있고 무섭게 생겼어요.

✏️ 도깨비는 어떻게 생겼나요?

📖 내가 읽어볼게

내 동생은 작고 귀엽게 생겼어요.

✏️ 내 동생은 어떻게 생겼어요?

📖 내가 읽어볼게

무지개는 반원 모양의 띠처럼 생겼어요.

✏️ 무지개는 어떻게 생겼나요?

5. 의문사 '어떻게', '어때' 이해하기

📖 내가 읽어볼게

봄에는 새싹이 파릇파릇 돋아나요.

✏️ 봄에는 새싹이 어떻게 돋아나요?

📖 내가 읽어볼게

여름에는 산들이 초록색으로 바뀌어요.

✏️ 여름에는 산들이 어떻게 바뀌어요?

📖 내가 읽어볼게

가을에는 단풍이 알록달록 물들어요.

✏️ 가을에는 단풍이 어떻게 물들어요?

📖 내가 읽어볼게

겨울에는 온 세상이 하얗게 변해요.

✏️ 겨울에는 온 세상이 어떻게 변해요?

이름:　　　　　날짜:

📖 내가 읽어볼게

비염이 심해서 이비인후과에 갔어요.

✏️ 비염이 심해서 어떻게 했어요?

📖 내가 읽어볼게

핸드폰 벨 소리를 진동으로 바꿨어요.

✏️ 핸드폰 벨 소리를 어떻게 했어요?

📖 내가 읽어볼게

신호등 초록불이 깜빡거려서 빨리 걸어갔어요.

✏️ 신호등 초록불이 깜빡거려서 어떻게 했어요?

📖 내가 읽어볼게

시원하게 먹으려고 냉장고에 넣었어요.

✏️ 시원하게 먹으려고 어떻게 했어요?

5. 의문사 '어떻게', '어때' 이해하기

📖 내가 읽어볼게

호랑이는 육식동물입니다.
호랑이는 사냥을 잘 합니다.

✏️ 호랑이는 어떤 동물인가요?

📖 내가 읽어볼게

토끼는 초식동물입니다.
토끼가 들판의 풀을 먹습니다.

✏️ 토끼는 어떤 동물인가요?

이름:　　　　　날짜:

📖 내가 읽어볼게

윤정이는 예의 바른 친구입니다.
윤정이는 상냥하게 말합니다.

✏️ 윤정이는 어떤 친구인가요?

📖 내가 읽어볼게

경찰관은 용감한 사람입니다.
무서운 도둑도 용감하게 잡습니다.

✏️ 경찰관은 어떤 사람인가요?

5. 의문사 '어떻게', '언제' 이해하기

📖 내가 읽어볼게

늦잠을 잤어요.
민아는 허둥지둥 뛰어서 학교에 갔어요.

✏️ 민아는 어떻게 학교에 갔어요?

📖 내가 읽어볼게

지각할 것 같아요.
은혜는 학원으로 쏜살같이 뛰어갔어요.

✏️ 은혜는 학원으로 어떻게 뛰어갔나요?

이름: 날짜:

📖 내가 읽어볼게

엄마한테 혼났어요.
지은이는 힘없이 터벅터벅 걸어갔어요.

✏️ 지은이는 어떻게 걸어갔어요?

📖 내가 읽어볼게

1등을 했어요.
선하는 덩실덩실 춤추며 집으로 갔어요.

✏️ 선하는 어떻게 집으로 갔나요?

5. 의문사 '어떻게', '어때' 이해하기

📖 내가 읽어볼게

할머니가 옛날이야기를 해주셨어요.
할머니의 이야기가 지루했어요.

✏️ 1. 할머니가 어떤 이야기를 해주셨어요?

2. 할머니의 이야기가 어땠어요?

📖 내가 읽어볼게

수형이는 달리기에서 꼴찌를 했어요.
수형이의 마음은 속상했어요.

✏️ 1. 수형이는 달리기에서 몇 등을 했어요?

2. 수형이의 마음은 어땠어요?

이름: 날짜:

📖 내가 읽어볼게

고양이가 아파서 동물병원에 갔어요.
고양이가 아파서 슬펐어요.

✏️ 1. 고양이가 아파서 어디에 갔어요?

2. 고양이가 아파서 마음이 어땠어요?

📖 내가 읽어볼게

날씨가 너무 더워서 에어컨을 켰어요.
땀을 뻘뻘 흘려서 몸이 끈적거렸어요.

✏️ 1. 날씨가 너무 더워서 무엇을 켰어요?

2. 땀을 뻘뻘 흘려서 어땠어요?

인칭대명사 '누구' 이해하기

언어발달과 읽기지도에서 인칭대명사 '나, 너, 우리'의 이해는 아이들에게 어려운 과정입니다.
대상의 이름은 하나의 고유명사로 특정한 대상을 가리킨다는 개념이 자연스럽게 따르고 이름만으로도 주체의 기준이 명확하게 잡히므로 이해함에 어려움이 없습니다.
하지만 인칭대명사 '나, 너, 우리'는 문맥과 상황에 따른 주체의 기준을 이해해야 하는 과정이 따르므로 인지발달이 느린 아이들에게는 어렵습니다.
따라서 고유명사 뒤에 인칭대명사를 배치하였고 인칭대명사의 읽기이해가 가능해지면 상황과 문맥적 이해의 향상으로 이어지므로 언어발달과 인지발달에 큰 도움이 됩니다.

특히, 자폐스펙트럼 장애 아동이나 주의력과 조절력이 약한 아동을 지도할 때는 문맥과 상황에 따른 주체의 기준을 명확하게 잡아주어야 합니다. 아동이 자신의 손으로 직접 대상을 가리키며 표현하도록 이끌어 '나, 너, 우리'를 정확하게 이해시킵니다.

6. 인칭대명사 '누구' 이해하기

📖 내가 읽어볼게

나는 초등학생입니다.

✏️ 누가 초등학생입니까?

📖 내가 읽어볼게

나는 학교에 다녀요.

✏️ 누가 학교에 다녀요?

📖 내가 읽어볼게

나는 모범생입니다.

✏️ 누가 모범생이에요?

📖 내가 읽어볼게

나는 상냥합니다.

✏️ 누가 상냥한가요?

Tip '나' 또는 '내가'로 답해요.

이름: 날짜:

📖 내가 읽어볼게

내가 좋아하는 곳은 키즈카페입니다.

✏️ 키즈카페는 누가 좋아해요?

📖 내가 읽어볼게

내가 싫어하는 곳은 높은 산입니다.

✏️ 높은 산은 누가 싫어해요?

📖 내가 읽어볼게

내가 가고 싶은 곳은 호주입니다.

✏️ 호주는 누가 가고 싶은 곳인가요?

📖 내가 읽어볼게

내가 사는 곳은 아파트입니다.

✏️ 아파트는 누가 사는 곳일까요?

Tip '나' 또는 '내가'로 답해요.

6. 인칭대명사 '누구' 이해하기

📖 내가 읽어볼게

내 이름은 박수형입니다.

✏️ 박수형은 누구의 이름인가요?

📖 내가 읽어볼게

내 동생은 박수범입니다.

✏️ 박수범은 누구의 동생인가요?

📖 내가 읽어볼게

내 친구는 최민아입니다.

✏️ 최민아는 누구의 친구인가요?

📖 내가 읽어볼게

안도영은 나의 형입니다.

✏️ 안도영은 누구의 형인가요?

Tip '나' 또는 '내 ○○'으로 답해요.

이름: 날짜:

📖 내가 읽어볼게

내 선물이 택배로 왔어요.

✏️ 누구의 선물이 택배로 왔어요?

📖 내가 읽어볼게

아이스크림이 내 옷에 묻었어요.

✏️ 아이스크림이 누구의 옷에 묻었어요?

📖 내가 읽어볼게

상자에 내 블록이 들어있어요.

✏️ 상자에 있는 블록은 누구의 블록인가요?

📖 내가 읽어볼게

아무리 찾아도 내 가방이 보이지 않아요.

✏️ 누구의 가방이 보이지 않아요?

Tip   '나' 또는 '내 ○○'으로 답해요.

6. 인칭대명사 '누구' 이해하기

📖 내가 읽어볼게

친구가 나를 보고 웃었어요.

✏️ 친구가 누구를 보고 웃었어요?

📖 내가 읽어볼게

친구와 나는 학교에 같이 가요.

✏️ 친구는 누구와 학교에 같이 가나요?

📖 내가 읽어볼게

친구랑 나랑 게임을 했어요.

✏️ 친구랑 누구랑 게임을 했어요?

📖 내가 읽어볼게

이모가 나에게 카톡을 했어요.

✏️ 이모가 누구에게 카톡을 했어요?

이름:　　　　　　날짜:

📖 내가 읽어볼게

너가 먼저 때려서 나도 때린 거야.

✏️ 먼저 때린 사람은 누구인가요?

📖 내가 읽어볼게

네가 우니까 나도 슬퍼.

✏️ 우는 사람은 누구인가요?

📖 내가 읽어볼게

너가 먼저 양보해줘서 고마워.

✏️ 먼저 양보한 사람은 누구인가요?

📖 내가 읽어볼게

네가 추위를 많이 타서 히터를 틀었어.

✏️ 추위를 많이 타는 사람은 누구인가요?

💬 Tip　'너'로 답해요.

6. 인칭대명사 '누구' 이해하기

📖 내가 읽어볼게

나는 과자를 먹었고 너도 과자를 먹었어.

✏️ 누구와 누가 과자를 먹었어요?

📖 내가 읽어볼게

나도 선물을 받았고 너도 선물을 받았어.

✏️ 선물을 받은 사람은 누구와 누구인가요?

📖 내가 읽어볼게

너는 나랑 공원에 가기로 했어.

✏️ 누구와 누가 공원에 가기로 했나요?

📖 내가 읽어볼게

나는 너랑 같이 공부를 할 거야.

✏️ 같이 공부를 할 사람은 누구와 누구인가요?

이름:　　　　　　날짜:

📖 내가 읽어볼게

아빠가 나와 너한테 심부름을 시켰어.

✏️ 아빠가 누구와 누구한테 심부름을 시켰어요?

📖 내가 읽어볼게

엄마가 나와 너한테 뽀뽀를 했어.

✏️ 누구와 누구한테 엄마가 뽀뽀를 했어요?

📖 내가 읽어볼게

민수가 나한테도 사과했고 너한테도 사과했어.

✏️ 누구와 누구한테 민수가 사과했어요?

📖 내가 읽어볼게

과자는 나한테도 많고 너한테도 많아.

✏️ 과자는 누구와 누구한테 많아요?

6. 인칭대명사 '누구' 이해하기

📖 내가 읽어볼게

선생님이 우리를 칭찬해 주셨어요.

✏️ 선생님이 누구를 칭찬해 주셨어요?

📖 내가 읽어볼게

우리 모두 버스에 탑승했어요.

✏️ 누가 버스에 탑승했어요?

📖 내가 읽어볼게

우리끼리 키즈카페에 가기로 약속했어요.

✏️ 키즈카페에 누가 가기로 약속했어요?

📖 내가 읽어볼게

강아지가 우리한테 달려들었어요.

✏️ 강아지가 누구한테 달려들었나요?

이름:　　　　　　　날짜:

📖 내가 읽어볼게

"엄마, 우리가 청소할게요."
수진이와 수정이가 청소를 시작했어요.

✏️ 1. 엄마한테 누가 청소한다고 말했나요?

　2. 우리는 누구와 누구일까요?

📖 내가 읽어볼게

우리는 버스에 탑승했어요.
민영이와 수진이가 나란히 앉았어요.

✏️ 1. 누가 버스에 탑승했어요?

　2. 우리는 누구와 누구일까요?

7

의문사 '왜' 이해하기

의문사 '왜' 이해하기

읽기이해의 향상을 위해서는 문맥에 대한 이해가 가능해야 합니다. 그리고 문맥을 이해하기 위해서는 인과관계에 대한 이해가 선행되어야 합니다.

인과관계는 어떤 사건이나 현상에 대한 원인과 결과의 이해임과 동시에 전과 후가 포함된 형태의 순서 과정입니다.

전후 파악이 더딘 아이에게 의문사 '왜'는 어려운 단계일 수밖에 없습니다. 왜냐하면 의문사 '왜'는 인과적 이해가 가능해야 답할 수 있기 때문입니다.

'생각이 자라는 의문사 단계별 읽기이해'에서는 전후가 포함된 다양한 인과관계 문장을 제시하였습니다.

'원인에 따른 결과'와 '결과에 따른 원인'을 추론할 수 있는 글감을 제시하여 인과관계에 대해 깊게 생각해 볼 수 있도록 하였습니다. 문제해결 상황을 부분적으로 제시하여 사회 인지적인 관점으로 상황을 바라볼 수 있도록 하였습니다.

결론적으로 인과관계의 이해는 의문사 '왜'에 대한 구체적인 이유대기는 물론 문제해결, 추론 능력의 향상으로 이어집니다.

의문사 '왜' 이해하기 확장지도 방법

1. 개념 지도 방법
읽기 지도 시 아이의 이해가 가능하다면 반대의 개념으로 마무리하도록 하여 개념 향상을 이끕니다.
예 | 너무 무거워서 상자를 떨어뜨렸어요. ▶ 같이 들면 가벼워져요. 아빠와 함께 들어요.

2. 어휘 지도 방법
읽기이해 후 어휘 정의를 통해 아이가 어휘를 정확하게 이해하고 있는지 파악합니다. 인지발달이 지연된 아이는 어휘에 대해 이해하고 있어도 그것을 정리하여 핵심을 전달하는 능력이 약하므로 어휘 정의를 통해 핵심 파악 능력과 설명 능력 향상을 돕습니다.
예 | 롱 다리가 뭘까? ▶ 다리가 길어요. 긴 다리요

3. 순서 지도 방법
순서 지도는 제시된 문장의 읽기이해 지도 후 아이 스스로 글감을 순서대로 설명하도록 이끕니다. 이는 작업기억, 순서화, 조직화, 기억 발달, 설명 능력을 향상시킵니다.

4. 문제해결 지도 방법 ★
제시된 읽기 문장에 문제해결 상황을 추가하여 지도합니다. 추가 문장은 아동의 수준에 맞는 인과가 포함된 문장이면 좋습니다. 이는 사회적 관계와 상황인지 향상을 돕습니다.
예 | 번개가 쳐서 하늘이 번쩍거려요. ▶ 번개가 무서워서 밖에 안 나갈래요.

단계별 인과관계 이해하기 효과

1. 기초인지 인과관계 이해하기
- 아이가 쉽게 접할 수 있는 상황을 제시하여 전과 후의 의미를 이해하고 상황을 순서화 할 수 있도록 돕습니다.
- 전과 후의 순서를 이해하는 아이는 의문사 '왜?'와 '어떻게?'에 답하기 가능합니다.

2. 주제별 인과관계 이해하기
- 다양한 주제별 인과관계 제시로 간접경험을 제공합니다.
- 인과의 내용에 문제해결을 포함시켜 상황인지 향상을 이끕니다.

3. 추론 선택 인과관계 이해하기
- 추론 능력이 약한 아이에게 선택지를 제시하여 주어진 정보를 해석하고 분석할 수 있는 기준을 제공합니다.
- 선택지는 판단의 근거와 방향을 제시해 주어 초기 추론 능력을 다루는 데 있어 중요합니다.
- 추론 선택이 가능해지면 아이가 스스로의 힘으로 생각의 기준을 설정해 나갈 수 있도록 선택지를 소거합니다.

4. 추론 인과관계 이해하기
- 추론 인과관계는 상황의 흐름을 이해하고 해석, 판단, 해결하도록 돕습니다.
- 반복되는 일상에 대한 추론 인과관계는 아이의 이해 능력을 향상시킵니다.

5. 추론 비유 선택 인관관계 이해하기
- 일상의 경험 관련 비유 문장과 선택지 제시는 아동이 자신의 경험과 연결 지어 추상적인 개념을 쉽게 이해할 수 있도록 돕습니다.
- 비유하기의 이해는 상대의 의도를 파악할 수 있도록 돕고 효과적인 의사소통 향상을 이끕니다.

6. 추론 비유 인과관계 이해하기
- 추론 비유 인과관계 이해하기는 비유 상황의 흐름을 이해하고 해석, 판단, 해결하도록 돕습니다.
- 반복되는 일상에 대한 추론 비유 인관관계는 아이의 이해 능력과 의사소통 향상을 이끕니다.

7. 다양한 두 문장 인과관계 이해하기
- 다양한 두 문장 인관관계 이해하기는 아이가 좀 더 긴 자극을 이해하고 해석, 판단, 해결하도록 돕습니다.
- 다양한 두 문장 속에서 핵심 찾기를 통해 시·청지각, 설명 능력, 상황 이해력을 향상시킵니다.

8. 순서 인관관계 이해하기(순서대로 번호 보고 정답 찾기)
- 순서 인과관계 이해하기는 사건의 순서와 상황을 빠르게 파악하고 이해할 수 있도록 돕습니다.
- 문장의 길이와 읽어야 할 양이 많아지면 시지각이 약한 아동은 어려움을 겪게 됩니다. 시각적인 구조화(각 문장마다 번호)를 통해 아동이 빠르게 해당 문장을 찾고 읽을 수 있도록 돕습니다.

7. 의문사 '왜' 이해하기
1) 기초인지 인과관계 이해하기

내가 읽어볼게

너무 무거워서 상자를 떨어뜨렸어요.

✏️ 왜 상자를 떨어뜨렸어요?

내가 읽어볼게

너무 높아서 손이 닿질 않았어요.

✏️ 왜 손이 닿질 않았나요?

내가 읽어볼게

너무 작아서 들어갈 수가 없어요.

✏️ 왜 들어갈 수가 없어요?

내가 읽어볼게

너무 깊어서 수영할 수가 없어요.

✏️ 왜 수영할 수가 없나요?

내가 읽어볼게

너무 더러워서 만질 수가 없어요.

✏️ 왜 만질 수가 없어요?

이름:　　　　　　　날짜:

📖 내가 읽어볼게

너무 더워서 옷을 벗었어요.

✏️ 옷을 벗은 이유는 무엇인가요?

📖 내가 읽어볼게

너무 시끄러워서 귀를 막았어요.

✏️ 귀를 막은 이유는 무엇인가요?

📖 내가 읽어볼게

너무 좁아서 답답했어요.

✏️ 답답한 이유는 무엇인가요?

📖 내가 읽어볼게

너무 빨라서 따라갈 수가 없어요.

✏️ 따라갈 수 없는 이유는 무엇인가요?

📖 내가 읽어볼게

너무 환해서 눈을 뜰 수가 없어요.

✏️ 눈을 뜰 수 없는 이유는 무엇인가요?

7. 의문사 '왜' 이해하기
1) 기초인지 인과관계 이해하기

📖 내가 읽어볼게

문을 세게 당겨서 고장이 났어요.

✏️ 왜 문이 고장이 났어요?

📖 내가 읽어볼게

음식이 많아서 모두 먹을 수가 없어요.

✏️ 왜 모두 먹을 수가 없어요?

📖 내가 읽어볼게

거실은 넓어서 청소하기 힘들어요.

✏️ 거실을 청소하기 힘든 이유는 무엇인가요?

📖 내가 읽어볼게

도서관이 조용해서 떠들 수가 없어요.

✏️ 도서관에서 왜 떠들 수가 없어요?

📖 내가 읽어볼게

공을 세게 던져서 잡을 수가 없어요.

✏️ 공을 잡을 수 없는 이유는 무엇인가요?

이름:　　　　　　　날짜:

📖 내가 읽어볼게

옷이 얇아서 너무 추워요.
두꺼운 옷을 주세요.

✏️ 너무 추운 이유는 무엇인가요?

📖 내가 읽어볼게

음악 소리가 커서 시끄러워요.
조용하게 듣고 싶어요.

✏️ 시끄러운 이유는 무엇인가요?

📖 내가 읽어볼게

얼굴이 건조해요.
촉촉한 로션이 필요해요.

✏️ 촉촉한 로션이 필요한 이유는 무엇인가요?

7. 의문사 '왜' 이해하기
2) 주제별 인과관계 이해하기

1. 날씨

📖 내가 읽어볼게

번개가 쳐서 하늘이 번쩍거려요.

✏️ 하늘이 번쩍거린 이유는 무엇일까요?

📖 내가 읽어볼게

바람이 세게 불어서 머리가 헝클어졌어요.

✏️ 왜 머리가 헝클어졌어요?

📖 내가 읽어볼게

얇은 옷을 입었더니 오들오들 떨려요.

✏️ 오들오들 떨린 이유는 무엇인가요?

📖 내가 읽어볼게

비가 와서 창문에 물방울이 맺혔어요.

✏️ 왜 창문에 물방울이 맺혔나요?

📖 내가 읽어볼게

먹구름이 몰려와서 낮인데도 어두워요.

✏️ 낮인데도 어두운 이유는 무엇인가요?

이름:　　　　　　　날짜:

2. 건강

📖 내가 읽어볼게

핸드폰을 오래 봐서 눈이 피곤해요.

✏️ 왜 눈이 피곤해요?

📖 내가 읽어볼게

상한 우유를 마셔서 배탈이 났어요.

✏️ 배탈이 난 이유는 무엇인가요?

📖 내가 읽어볼게

하루 종일 서 있어서 다리가 아파요.

✏️ 다리가 아픈 이유는 무엇인가요?

📖 내가 읽어볼게

밤늦게 자니까 아침마다 피곤해요.

✏️ 아침마다 피곤한 이유는 무엇인가요?

📖 내가 읽어볼게

운동을 안 해서 몸이 무거워요.

✏️ 왜 몸이 무거운가요?

7. 의문사 '왜' 이해하기
2) 주제별 인과관계 이해하기

3. 감정

📖 **내가 읽어볼게**

어려운 수학 문제를 풀어서 뿌듯했어요.

✏️ 뿌듯한 이유는 무엇인가요?

📖 **내가 읽어볼게**

찢어진 옷을 입어서 부끄러웠어요.

✏️ 부끄러운 이유는 무엇인가요?

📖 **내가 읽어볼게**

깨끗하게 씻어서 기분이 상쾌했어요.

✏️ 기분이 상쾌한 이유는 무엇인가요?

📖 **내가 읽어볼게**

옷에 아이스크림이 묻어서 창피했어요.

✏️ 창피한 이유는 무엇인가요?

📖 **내가 읽어볼게**

너무 더워서 시원한 가을이 그리웠어요.

✏️ 시원한 가을이 그리운 이유는 무엇인가요?

이름:　　　　　　　날짜:

3. 감정

📖 내가 읽어볼게

사나운 강아지가 으르렁거리며 쫓아 와서 두려웠어요.

✏️ 나는 왜 두려웠어요?

📖 내가 읽어볼게

짝꿍이 다른 학교로 전학을 가서 슬펐어요.

✏️ 나는 왜 슬펐어요?

📖 내가 읽어볼게

언니가 뚱뚱하다고 놀려서 우울했어요.

✏️ 나는 왜 우울했나요?

📖 내가 읽어볼게

더 놀고 싶어서 안 자겠다고 짜증을 냈어요.

✏️ 나는 왜 안 자겠다고 짜증을 냈나요?

📖 내가 읽어볼게

거짓말한 것을 들킬까 봐 마음이 조마조마했어요.

✏️ 나는 왜 마음이 조마조마했어요?

7. 의문사 '왜' 이해하기
2) 주제별 인과관계 이해하기

3. 감정

📖 **내가 읽어볼게**

엄마가 생일선물을 잊어버려서 실망했어요.

✏️ 나는 무엇 때문에 실망했어요?

📖 **내가 읽어볼게**

양말에 구멍이 나서 당황했어요.

✏️ 나는 무엇 때문에 당황했나요?

📖 **내가 읽어볼게**

친구가 내 얼굴에 뽀뽀해서 황당했어요.

✏️ 나는 무엇 때문에 황당했어요?

📖 **내가 읽어볼게**

거짓말로 친구를 속여서 후회됐어요.

✏️ 나는 무엇 때문에 후회됐나요?

📖 **내가 읽어볼게**

동생이 나한테 짜증을 내서 속상했어요.

✏️ 나는 무엇 때문에 속상했어요?

이름: 날짜:

4. 과제, 준비물

📖 내가 읽어볼게

독서록을 쓰기 싫어서 엄마한테 거짓말을 했어요.

✏️ 왜 엄마한테 거짓말을 했어요?

📖 내가 읽어볼게

알림장을 쓰지 않아서 준비물을 챙길 수가 없었어요.

✏️ 왜 준비물을 챙길 수 없었어요?

📖 내가 읽어볼게

종이접기를 완성하지 못해서 선생님이 도와주셨어요.

✏️ 선생님이 종이접기를 도와준 이유는 무엇인가요?

📖 내가 읽어볼게

내일 준비물을 잊을까 봐 가방에 미리 챙겨두었어요.

✏️ 준비물을 왜 가방에 미리 챙겨두었어요?

📖 내가 읽어볼게

숙제를 미루면 하기 싫어져서 숙제부터 했어요.

✏️ 숙제부터 한 이유는 무엇인가요?

7. 의문사 '왜' 이해하기
2) 주제별 인과관계 이해하기

5. 문제해결

📖 내가 읽어볼게

아빠는 살을 빼려고 운동을 열심히 합니다.

✏️ 아빠는 왜 운동을 열심히 해요?

📖 내가 읽어볼게

엄마는 건강해지려고 비타민을 먹습니다.

✏️ 엄마는 왜 비타민을 먹어요?

📖 내가 읽어볼게

동생은 튼튼해지려고 태권도를 배워요.

✏️ 동생은 왜 태권도를 배워요?

📖 내가 읽어볼게

수정이는 설사를 해서 부드러운 죽을 먹었어요.

✏️ 수정이가 부드러운 죽을 먹은 이유는 무엇인가요?

📖 내가 읽어볼게

민선이는 목이 아파서 따뜻한 물을 마셔요.

✏️ 민선이가 따뜻한 물을 마신 이유는 무엇인가요?

이름:　　　　　　　날짜:

5. 문제해결

정원이는 숨이 차서 심호흡을 했어요.

1. 정원이는 왜 심호흡을 했어요?

2. 정원이는 숨이 차서 어떻게 했어요?

유준이는 넘어지지 않으려고 몸의 균형을 잡았어요.

1. 유준이는 왜 몸의 균형을 잡았어요?

2. 유준이는 넘어지지 않으려고 어떻게 했어요?

졸지 않기 위해 차가운 물을 마셔요.

1. 차가운 물을 마신 이유는 무엇인가요?

2. 졸지 않기 위해서 어떻게 해요?

7. 의문사 '왜' 이해하기
2) 주제별 인과관계 이해하기

6. 안전

📖 내가 읽어볼게

현관문을 세게 닫아서 문이 고장 날 것 같아요.
문을 살살 닫아주세요.

✏️ 왜 문이 고장 날 것 같아요?

📖 내가 읽어볼게

책상 모서리에 머리를 박아서 피가 났어요.
다치지 않으려면 잘 보고 다녀야 해요.

✏️ 왜 머리에 피가 났나요?

📖 내가 읽어볼게

킥보드를 타다가 넘어져서 다리에 깁스를 했어요.
킥보드는 천천히 타세요.

✏️ 다리에 깁스를 한 이유는 무엇인가요?

이름: 날짜:

6. 안전

📖 내가 읽어볼게

불이 나면 위험해서 소화기가 필요해요.
안전을 위해서 꼭 있어야 해요.

✏️ 소화기가 필요한 이유는 무엇인가요?

📖 내가 읽어볼게

화장실 바닥이 미끄러워서 넘어질 뻔했어요.
화장실에서는 뛰지 말아야 해요.

✏️ 왜 화장실에서 넘어질 뻔했어요?

📖 내가 읽어볼게

계단에서 뛰면 다칠 수 있어요.
천천히 걸어야 해요.

✏️ 왜 계단에서 뛰면 안 될까요?

113

7. 의문사 '왜' 이해하기
2) 주제별 인과관계 이해하기

7. 운동

📖 **내가 읽어볼게**

오래달리기를 했더니 숨이 찼어요.

✏️ 1. 오래달리기를 했더니 어떻게 되었나요?

2. 왜 숨이 찼어요?

📖 **내가 읽어볼게**

태권도 발차기를 했더니 롱 다리가 되었어요.

✏️ 1. 발차기를 했더니 어떻게 되었어요?

2. 왜 롱 다리가 되었어요?

📖 **내가 읽어볼게**

수영을 열심히 배웠더니 잠수가 가능해요.

✏️ 1. 수영을 열심히 배웠더니 어떻게 되었어요?

2. 왜 잠수가 가능해요?

이름: 날짜:

7. 운동

📖 내가 읽어볼게

배드민턴을 쳤더니 집중력이 좋아졌어요.

✏️ 1. 배드민턴을 쳤더니 어떻게 되었어요?

2. 왜 집중력이 좋아졌어요?

📖 내가 읽어볼게

줄넘기 연습을 많이 했더니 X자 뛰기도 가능해요.

✏️ 1. 줄넘기 연습을 많이 했더니 어떻게 되었어요?

2. 왜 X자 뛰기가 가능해요?

📖 내가 읽어볼게

자전거를 탔더니 다리가 튼튼해졌어요.

✏️ 1. 자전거를 탔더니 어떻게 되었어요?

2. 왜 다리가 튼튼해졌어요?

7. 의문사 '왜' 이해하기
3) 추론 선택 인과관계 이해하기

1. 탈것

📖 내가 읽어볼게

자동차가 출발해요.

✏️ 빨간불일까요? 초록불일까요?

📖 내가 읽어볼게

시동을 걸어요.

✏️ 출발일까요? 도착일까요?

📖 내가 읽어볼게

세차장으로 가요.

✏️ 차가 더러워서일까요? 깨끗해서일까요?

📖 내가 읽어볼게

자동차 라이트를 켜요.

✏️ 어두워서일까요? 환해서일까요?

📖 내가 읽어볼게

주유소에 도착했어요.

✏️ 기름이 충분한가요? 기름이 부족한가요?

이름: 날짜:

2. 마실 것

📖 내가 읽어볼게

물을 벌컥벌컥 마셨어요.

✏️ 목이 마른 걸까요? 먹기 싫은 걸까요?

📖 내가 읽어볼게

물을 자꾸 마셔요.

✏️ 매운 걸까요? 달콤한 걸까요?

📖 내가 읽어볼게

주스가 시원해요.

✏️ 냉장고에 넣어두었나요? 밖에 두었나요?

📖 내가 읽어볼게

엄마가 커피를 '후' 불어요.

✏️ 뜨거운가요? 차가운가요?

📖 내가 읽어볼게

한 모금 마셨다가 뱉었어요.

✏️ 맛이 없을까요? 맛이 있을까요?

7. 의문사 '왜' 이해하기
3) 추론 선택 인과관계 이해하기

3. 의복

📖 내가 읽어볼게

소매 단을 두 번 접었어요.

✏️ 옷이 클까요? 작을까요?

📖 내가 읽어볼게

바지가 꽉 끼어요.

✏️ 살이 쪘을까요? 빠졌을까요?

📖 내가 읽어볼게

겨울옷을 다시 꺼냈어요.

✏️ 날씨가 추워진 걸까요? 따뜻해진 걸까요?

📖 내가 읽어볼게

스팀다리미를 꺼냈어요.

✏️ 옷이 구겨진 건가요? 옷이 더러운 건가요?

📖 내가 읽어볼게

내 신발이 사라졌어요.

✏️ 동생이 신고 간 걸까요? 아빠가 신고 간 걸까요?

이름: 날짜:

4. 일상

📖 내가 읽어볼게

장난감이 멈췄어요.

✏️ 건전지가 닳았을까요? 건전지가 남았을까요?

📖 내가 읽어볼게

거품이 몸에 남아있어요.

✏️ 꼼꼼하게 씻었나요? 대충 씻었나요?

📖 내가 읽어볼게

아침에 알람 소리가 울렸어요.

✏️ 일어나야 하는 걸까요? 더 자도 되는 걸까요?

📖 내가 읽어볼게

동화책을 읽다가 울었어요.

✏️ 재밌는 내용일까요? 슬픈 내용일까요?

📖 내가 읽어볼게

시원한 바람이 집 안으로 들어와요.

✏️ 창문이 열렸나요? 닫혔나요?

7. 의문사 '왜' 이해하기
4) 추론 인과관계 이해하기

📖 **내가 읽어볼게**

집안에 카레 냄새가 가득해요.

✏️ 엄마가 무엇을 했을까요?

📖 **내가 읽어볼게**

텔레비전을 보다가 눈을 꼭 감았어요.

✏️ 어떤 장면이었을까요?

📖 **내가 읽어볼게**

빵집에 고소한 냄새가 가득해요.

✏️ 제빵사가 무엇을 했을까요?

📖 **내가 읽어볼게**

온 세상이 하얗게 변했어요.

✏️ 어떤 날씨였을까요?

📖 **내가 읽어볼게**

집안이 반짝반짝 윤이 나요.

✏️ 엄마가 무엇을 했을까요?

이름:　　　　　　　날짜:

📖 내가 읽어볼게

동생의 이불이 젖었어요.

✏️ 동생이 무엇을 했을까요?

📖 내가 읽어볼게

할머니의 머리가 검은색으로 변했어요.

✏️ 할머니가 무엇을 했을까요?

📖 내가 읽어볼게

이모가 날씬해졌어요.

✏️ 이모는 무엇을 했을까요?

📖 내가 읽어볼게

엄마 머리가 곱슬곱슬해요.

✏️ 엄마는 무엇을 했을까요?

📖 내가 읽어볼게

아빠가 비틀비틀 걸어요.

✏️ 아빠가 무엇을 마셨을까요?

7. 의문사 '왜' 이해하기
5) 추론 비유 선택 인과관계 이해하기

📖 **내가 읽어볼게**

천사 같아.

✏️ 예쁜 마음일까요? 미운 마음일까요?

📖 **내가 읽어볼게**

개미 목소리 같아.

✏️ 목소리가 큰 걸까요? 작은 걸까요?

📖 **내가 읽어볼게**

넌 청개구리 같아.

✏️ 미운 행동일까요? 예쁜 행동일까요?

📖 **내가 읽어볼게**

얼음공주 같아.

✏️ 마음이 따뜻한 걸까요? 마음이 차가운 걸까요?

📖 **내가 읽어볼게**

내 동생은 인형 같아.

✏️ 인형처럼 예쁜 걸까요? 못생긴 걸까요?

이름: 날짜:

📕 내가 읽어볼게

왜 오리발을 내밀어?

✏️ 거짓말일까요? 솔직하게 말한 걸까요?

📕 내가 읽어볼게

거북이처럼 운전해.

✏️ 빠르게 달리는 걸까요? 느리게 달리는 걸까요?

📕 내가 읽어볼게

사과 같은 얼굴.

✏️ 예쁜 얼굴인가요? 미운 얼굴인가요?

📕 내가 읽어볼게

떡볶이는 내 친구야.

✏️ 떡볶이가 맛있다는 걸까요? 맛없다는 걸까요?

📕 내가 읽어볼게

호랑이 선생님이야.

✏️ 무서운 선생님일까요? 호랑이처럼 생긴 걸까요?

7. 의문사 '왜' 이해하기
5) 추론 비유 선택 인과관계 이해하기

📖 **내가 읽어볼게**

입에서 불이 나.

✏️ 싱거운 걸까요? 매운 걸까요?

📖 **내가 읽어볼게**

우리 형은 공부벌레야.

✏️ 벌레처럼 생긴 걸까요? 공부를 열심히 하는 걸까요?

📖 **내가 읽어볼게**

나는 공룡 박사야.

✏️ 공룡을 좋아하는 걸까요? 싫어하는 걸까요?

📖 **내가 읽어볼게**

머리가 무거워.

✏️ 머리가 커서 무거운 걸까요? 머리가 아프고 피곤한 걸까요?

📖 **내가 읽어볼게**

지하철이 지옥철이야.

✏️ 지하철에 사람이 많은 걸까요? 지하철 이름이 지옥철인 걸까요?

이름:　　　　　　　날짜:

📕 내가 읽어볼게

식은 죽 먹기야.

✏️ 어렵다는 걸까요? 쉽다는 걸까요?

📕 내가 읽어볼게

왕자님 같다.

✏️ 칭찬하는 걸까요? 혼내는 걸까요?

📕 내가 읽어볼게

꿀맛이야.

✏️ 꿀을 먹었다는 걸까요? 맛있다는 걸까요?

📕 내가 읽어볼게

하늘을 날아갈 것 같아.

✏️ 기분이 좋다는 걸까요? 정말 날아가는 걸까요?

📕 내가 읽어볼게

엄마가 나 보고 "우리 강아지"라고 말했어.

✏️ 내가 귀엽다는 걸까요? 나를 동물로 착각한 걸까요?

125

7. 의문사 '왜' 이해하기
6) 추론 비유 인과관계 이해하기

📖 **내가 읽어볼게**

독수리는 하늘의 왕이에요.
가장 무섭고 힘이 세기 때문이에요.

✏️ 1. 누가 하늘의 왕이라고 했나요?

2. 독수리를 왜 하늘의 왕이라고 해요?

📖 **내가 읽어볼게**

도담이의 별명은 거북이에요.
행동이 느릿느릿하기 때문이에요.

✏️ 1. 누구의 별명이 거북이인가요?

2. 도담이는 왜 별명이 거북이인가요?

이름:　　　　　　날짜:　　　　　　　　

📖 내가 읽어볼게

사자는 힘이 세고 무서워요.
그래서 사자를 동물의 왕이라고 해요.

✏️ 1. 누가 힘이 세고 무서운가요?

2. 사자를 왜 동물의 왕이라고 해요?

📖 내가 읽어볼게

나는 노래를 잘해요.
그래서 친구들이 꾀꼬리라고 불러요.

✏️ 1. 나는 무엇을 잘해요?

2. 친구들은 왜 나를 꾀꼬리라고 불러요?

7. 의문사 '왜' 이해하기
7) 다양한 두 문장 인과관계 이해하기

📖 **내가 읽어볼게**

민수는 3학년입니다.
하지만 민수는 키가 작고 말라서 2학년 같아요.

✏️ 1. 민수는 몇 학년인가요?

2. 민수는 무엇무엇 때문에 2학년 같다고 했나요?

📖 **내가 읽어볼게**

경호는 뚱뚱해요.
많이 먹고 운동을 안 해서 뚱뚱해졌어요.

✏️ 1. 누가 뚱뚱한가요?

2. 경호는 무엇무엇 때문에 뚱뚱해졌나요?

이름:　　　　　　　날짜:

📕 **내가 읽어 볼게**

학교가 끝나면 곧장 집으로 가야 해요.
엄마가 기다리시거든요.

✏️ 1. 학교가 끝나면 곧장 어디로 가야 해요?

2. 집으로 가야 하는 이유는 무엇인가요?

📕 **내가 읽어 볼게**

친구와 더 놀고 싶으면 엄마한테 연락해야 해요.
내가 연락을 안 해서 엄마가 걱정하셨어요.

✏️ 1. 친구와 더 놀고 싶으면 어떻게 해야 하나요?

2. 엄마가 왜 걱정하셨나요?

7. 의문사 '왜' 이해하기
7) 다양한 두 문장 인과관계 이해하기

📖 **내가 읽어볼게**

나는 봄, 여름, 가을, 겨울 중 여름을 가장 좋아합니다.
왜냐하면 물놀이를 할 수 있기 때문입니다.

✏️ 1. 나는 어떤 계절을 가장 좋아해요?

2. 내가 여름을 좋아하는 이유는 무엇인가요?

📖 **내가 읽어볼게**

가을에는 거리도 산도 알록달록하게 변해요.
가을은 날씨가 시원해서 좋아요.

✏️ 1. 가을에는 거리와 산이 어떻게 변해요?

2. 가을을 좋아하는 이유는 무엇인가요?

이름:　　　　　　　　날짜:

📖 **내가 읽어볼게**

온 세상이 하얗게 변했어요.
눈이 많이 내려서 큰 눈사람을 만들 수 있었어요.

✏️ 1. 온 세상이 어떻게 변했어요?

2. 큰 눈사람을 만들 수 있었던 이유는 무엇인가요?

📖 **내가 읽어볼게**

봄이 되면 꽁꽁 얼었던 땅이 녹아요.
날씨가 따뜻해져서 예쁜 꽃들이 피어나요.

✏️ 1. 봄이 되면 꽁꽁 얼었던 땅이 어떻게 변해요?

2. 봄에 예쁜 꽃들이 피는 이유는 무엇인가요?

7. 의문사 '왜' 이해하기
7) 다양한 두 문장 인과관계 이해하기

📖 **내가 읽어볼게**

스티커 10개를 모으면 선물을 받아요.
스티커 10개를 다 모아서 신이 나요.

✏️ 1. 어떻게 하면 선물을 받아요?

2. 내가 신이 난 이유는 무엇인가요?

📖 **내가 읽어볼게**

공룡 동화책을 먼저 읽으려고 동생과 싸웠어요.
동생한테 동화책을 뺏겨서 속상했어요.

✏️ 1. 왜 동생과 싸웠어요?

2. 내가 속상한 이유는 무엇인가요?

이름: 날짜:

📖 내가 읽어볼게

미술 시간에 짝꿍이 물감을 빌려주었어요.
물감을 빠뜨리고 학교에 갔기 때문이에요.

✏️ 1. 언제 짝꿍이 물감을 빌려주었어요?

2. 짝꿍이 물감을 빌려준 이유는 무엇인가요?

📖 내가 읽어볼게

집에 돌아오면 손을 깨끗하게 씻어요.
손이 더러우면 병균이 몸속으로 들어오기 때문이에요.

✏️ 1. 집에 돌아오면 어떻게 해야 하나요?

2. 손을 깨끗하게 씻어야 하는 이유는 무엇일까요?

7. 의문사 '왜' 이해하기
8) 순서 인과관계 이해하기 (순서대로 번호 보고 정답 찾기)

1. 배고플 때

📖 내가 읽어볼게

1. 배가 고파서 배에서 꼬르륵 소리가 났어요.
2. 배가 고파서 먹을 것만 생각났어요.
3. 배가 고파서 밥을 두 그릇이나 먹었어요.
4. 밥을 많이 먹었더니 배가 볼록 나왔어요.
5. 너무 맛있어서 한 그릇 더 먹고 싶었어요.

✏️ 1. 배에서 꼬르륵 소리가 난 이유는 무엇인가요?

2. 왜 먹을 것만 생각났어요?

3. 밥을 두 그릇이나 먹은 이유는 무엇인가요?

4. 왜 배가 볼록 나왔어요?

5. 왜 한 그릇을 더 먹고 싶었나요?

엄마와 함께해요

1. 나는 배가 고파요. 얼마나 먹을 수 있을까요? 한 그릇일까요? 두 그릇일까요?
2. 아빠 배에서 꼬르륵 소리가 나요? 왜 그런 걸까요?
3. 우리 아빠는 밥을 안 먹어도 배가 볼록 나왔어요. 왜 그런 걸까요?
   • 우리 아빠는 뚱뚱해요. 그래서 배가 고파도 배가 홀쭉해지지 않고 볼록 나왔어요.
4. 나는 좋아하는 음식이 나오면 한 그릇 더 먹고 싶어요. 어떤 음식인가요?

이름:　　　　　　　날짜:

2. 주스 마실 때

📖 내가 읽어볼게

1 물이 없어서 시원한 포도주스를 마셨어요.
2 포도주스를 마셨더니 갈증이 사라졌어요.
3 포도주스를 여기저기 흘려서 바닥이 끈적거렸어요.
4 포도주스를 닦았더니 휴지가 보라색으로 변했어요.
5 엄마가 휴지가 아깝다고 다음부터는 걸레로 닦으라고 했어요.

✏️ 1. 왜 시원한 포도주스를 마셨나요?

2. 갈증이 사라진 이유는 무엇인가요?

3. 왜 바닥이 끈적거렸나요?

4. 휴지가 왜 보라색으로 변했어요?

5. 다음부터 걸레로 닦으라고 한 이유는 무엇인가요?

1. 갈증이 나요. 어떤 것들을 마실 수 있을까요?
   • 물, 주스, 우유, 요구르트, 이온 음료 등
2. 오렌지주스를 바닥에 흘렸어요. 휴지로 닦으면 어떤 색깔일까요?
3. 혀가 보라색으로 변했어요. 무엇을 마셨을까요?
   • 포도주스를 마셨어요.
4. 휴지가 아까운 이유를 설명해 주세요.
   • 걸레는 빨아서 다시 사용할 수 있지만 휴지는 한 번 사용하면 버려야 해서 아까워요.

7. 의문사 '왜' 이해하기
8) 순서 인과관계 이해하기 (순서대로 번호 보고 정답 찾기)

3. 동생과 놀 때

내가 읽어볼게

1. 동생이 내 놀이를 방해해서 화가 났어요.
2. 동생한테 장난감을 양보했더니 엄마가 칭찬해 주셨어요.
3. 엄마가 멋진 형이라고 말해줘서 기분이 좋았어요.
4. 동생은 아기라서 내 놀이를 방해하는 거래요.
5. 아기가 일부러 방해한 게 아니라서 마음이 괜찮아졌어요.

1. 나는 왜 화가 났어요?

2. 엄마가 칭찬을 한 이유는 무엇인가요?

3. 나는 왜 기분이 좋았나요?

4. 동생은 왜 내 놀이를 방해할까요?

5. 내 마음이 괜찮아진 이유는 무엇인가요?

1. 내가 칭찬받았던 경험을 말해보세요.
    • 양보했을 때, 심부름했을 때, 스스로 양치했을 때, 동생과 놀아주었을 때 칭찬받았어요.
2. 엄마한테 칭찬받으면 어떤 느낌이 들어요?
    • 마음이 뿌듯해요. 기분이 날아갈 것 같아요.
3. 아기와 나를 비교해 보세요.
    • 아기는 아직 어려서 내 물건을 함부로 만지지만 나는 만져도 되는지 먼저 물어봐요.
4. 아기는 호기심이 많아요. 호기심이 많아서 이것저것 꺼내서 만져보는 거랍니다.

이름: 날짜:

4. 심심할 때

📖 내가 읽어볼게

1️⃣ 우리 집에는 장난감이 없어서 심심했어요.
2️⃣ 심심해서 놀이터에 가고 싶었어요.
3️⃣ 집에 있다가 밖에 나가니 행복했어요.
4️⃣ 놀이터에 친구들이 없어서 놀이기구를 많이 탈 수 있었어요.
5️⃣ 신나게 놀았더니 꿀잠을 잤어요.

✏️ 1. 내가 심심한 이유는 무엇인가요?

2. 나는 왜 놀이터에 가고 싶었나요?

3. 밖에 나가니 내 마음은 어땠어요?

4. 놀이기구를 많이 탈 수 있었던 이유는 무엇일까요?

5. 꿀잠을 잔 이유는 무엇인가요?

1. 우리 집에 있는 장난감 이름들을 말해보세요.
2. 놀이터의 놀이기구들은 어떤 것들이 있나요?
3. 나는 누구와 놀 때가 제일 신나고 좋은가요?
4. 내가 심심할 때 하고 싶은 것은 무엇인가요? 내가 좋아하는 활동들을 이야기해 보세요.

7. 의문사 '왜' 이해하기
8) 순서 인과관계 이해하기 (순서대로 번호 보고 정답 찾기)

5. 공부할 때

📖 내가 읽어볼게

1. 나는 계산하는 것을 싫어해서 수학 공부가 싫어요.
2. 구몬 수학은 너무 어려워서 도망가고 싶어요.
3. 구몬 수업 시간에 집중을 못 해서 문제를 많이 틀려요.
4. 내가 한숨을 쉬니 선생님이 집중하라고 말씀하세요.
5. 집중해서 문제를 풀면 선생님이 사탕을 선물로 주세요.

✏️ 1. 수학 공부가 싫은 이유는 무엇인가요?

2. 나는 왜 도망가고 싶었나요?

3. 문제를 많이 틀린 이유는 무엇인가요?

4. 선생님이 왜 집중하라고 말씀하셨나요?

5. 선생님이 사탕 선물을 주는 이유는 무엇일까요?

엄마와 함께해요

1. 나는 수학 공부를 좋아하나요? 이유도 설명해 보세요.
2. 나는 어떤 공부를 할 때 도망가고 싶어요? 이유도 설명해 보세요.
3. 나는 언제 한숨을 쉬어요?
   • 공부하기 싫을 때, 속상할 때, 동생이 내 말을 안 들을 때 한숨을 쉬어요.
4. 수업 시간에 집중해야 하는 이유는 무엇인가요?
   • 집중하고 선생님 말씀을 잘 들어야 문제를 이해하고 풀 수 있어요.
   • 집중하지 않으면 수업에 방해가 될 수 있어요.

| 이름: | 날짜: | |

6. 양치할 때

1 양치를 안 했더니 입에서 냄새가 났어요.
2 양치하기 귀찮아서 침대에 누워버렸어요.
3 이를 닦았다고 거짓말해서 엄마한테 혼이 났어요.
4 엄마의 화난 목소리가 무서워서 욕실로 후다닥 뛰어갔어요.
5 이를 대충 닦았더니 엄마가 다시 닦으래요.

1. 입에서 냄새가 난 이유는 무엇인가요?

2. 나는 왜 침대에 누워버렸어요?

3. 엄마한테 혼이 난 이유는 무엇인가요?

4. 나는 왜 욕실로 후다닥 뛰어갔나요?

5. 어떤 이유로 이를 다시 닦으라고 했나요?

1. 나는 하루에 몇 번 양치해요?
2. 나의 치아를 관찰해 보세요. 치과에 안 가도 될까요?
3. 양치는 꼼꼼히 해야 해요. 대충하면 이가 썩고 입 냄새도 날 수 있어요.
4. 이를 닦았다고 거짓말을 했어요. 엄마는 내가 거짓말을 한 것을 어떻게 아는 걸까요?
   ① 내 이에 음식 찌꺼기가 남아있고 이가 누런 걸 보고 알 수 있어요.
   ② 입 냄새로 알 수 있어요.

8

짧은 글 이해하기

8. 짧은 글 이해하기

> 내가 읽어볼게

청개구리는 반대로 행동해요.
수범이는 청개구리에요.
조용히 있으라고 하면 시끄럽게 떠들어요.

1. 누가 청개구리인가요?

2. 청개구리는 어떻게 행동해요?

3. 청개구리는 조용히 있으라고 하면 어떻게 하나요?

1. 청개구리의 특징에 대해 말해보세요.
   ① 색깔은 초록색이고 크기는 내 손보다 작아요.
   ② 다리가 가늘고 길어요.
   ③ 점프를 잘해요.
   ④ 개굴개굴 울어요.
2. 우리 집에도 청개구리처럼 반대로 행동하는 사람이 있나요?
3. 나는 어떤 어린이가 되고 싶어요?
   • 모범생, 의젓한 친구, 인기 있는 사람
4. 앉아 있으라고 하면 청개구리는 어떻게 행동할까요?

이름:　　　　　　　날짜:

📖 내가 읽어볼게

하늘이 파랗고 예뻐요.
햇살이 눈부셔요.
하늘을 보면 기분이 상쾌해져요.

✏️ 1. 하늘이 무슨 색인가요?

2. 무엇이 눈부신가요?

3. 하늘을 보면 기분이 어떻다고 했어요?

1. 햇살이 눈부신 날은 어떤 날씨일까요?
　• 맑고 화창한 날씨
2. 맑은 하늘과 흐린 하늘의 색깔을 비교해 보세요.
3. 파란 하늘을 보면 기분이 어떤가요? 날씨가 화창한 날 산책하는 내 모습을 그려보세요.
　① 신나요.
　② 기분이 업 돼요.
　Tip. 그림을 그릴 때 화창한 날씨와 내 표정을 구체적으로 표현할 수 있어야 해요.
4. 햇살이 눈부실 때 필요한 물건들을 말해보세요.
　• 양산, 선글라스, 모자, 손 선풍기 등

8. 짧은 글 이해하기

> 내가 읽어볼게

형이 돈을 잃어버렸어요.
형은 기분이 꿀꿀하대요.
돈을 꼭 찾았으면 좋겠어요.

1. 누가 돈을 잃어버렸어요?

2. 형의 기분은 어때요?

3. 무엇을 꼭 찾았으면 좋겠다고 했나요?

 엄마와 함께해요
1. 나도 돈이나 물건을 잃어버렸던 경험이 있나요? 없다면 엄마의 경험을 들려주세요.
2. 형이 엉엉 울면서 가방 안을 살펴보고 있어요. 무슨 일일까요?
   • 소중한 물건을 잃어버린 것 같아요.
3. 형은 왜 돈을 잃어버린 걸까요?
   ① 보관을 잘하지 못해서 흘린 것 같아요.
   ② 어디에 두었는지 잊어버린 것 같아요.
4. 내가 만약 형의 돈을 줍는다면 내 돈이 되는 걸까요?

이름:　　　　　　　날짜:　　　　　　　　　

📖 내가 읽어볼게

밤에 둥근 보름달이 떴어요.
우리 가족은 보름달을 보면서 소원을 빌었어요.
나는 로봇 선물을 받고 싶다고 소원을 빌었어요.

✏️ 1. 언제 보름달이 떴어요?

2. 우리 가족은 보름달을 보면서 무엇을 했어요?

3. 나는 어떤 소원을 빌었나요?

1. 여러 가지 달의 종류들을 말해보세요. 그림으로도 그려보세요.
　　• 초승달, 반달, 보름달
2. 보름달이 더 환할까요? 반달과 초승달이 더 환할까요?
3. 태양이 더 환할까요? 보름달이 더 환할까요?
4. 보름달을 보면서 나를 위해 그리고 가족을 위해 소원을 빌어보세요.
　　① 나를 위해: 레고 장난감을 꼭 갖게 해주세요.
　　② 가족을 위해: 우리 가족이 행복하게 해주세요.

8. 짧은 글 이해하기

> 내가 읽어볼게

아침에 일어나니 머리가 아프고 열이 났어요.
병원에서 독감 검사를 했어요.
다행히도 검사 결과는 음성이었어요.

1. 언제 머리가 아프고 열이 났어요?

2. 병원에서 어떤 검사를 했나요?

3. 검사 결과는 무엇이었어요?

1. 전염되는 질병은 무엇일까요? 그리고 전염되는 질병에 걸리면 어떻게 해야 할까요?
   • 코로나, 독감, 눈병 등
   ① 학교나 유치원에 가지 않아요.   ② 병원에서 치료받고 다 나으면 유치원에 가요.
2. 양성과 음성의 의미를 알려주세요.
3. 독감의 증상에 대해 말해보세요.
   • 두통, 고열, 오한, 근육통, 목 아픔, 기침, 합병증으로 폐렴이 있음
4. 독감은 왜 예방접종을 하는 걸까요?
   • 독감은 감기보다 더 많이 아프고 위험해요. 특히, 어린이와 노약자는 면역력이 약해 위험할 수 있어요. 그래서 미리 예방접종을 해요.

이름: 날짜:

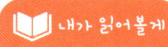

주말 아침에 자전거를 탔습니다.
살랑살랑 바람이 불어서 시원했습니다.
아빠가 제일 앞에서 달리고 엄마가 제일 뒤에서 달렸습니다.

1. 언제 자전거를 탔어요?

2. 누가 제일 앞에서 달렸어요?

3. 어떤 바람이 불어서 시원하다고 했나요?

1. 자전거를 타기 좋을 계절은 언제일까요?
   • 봄과 가을에 타기 좋아요.
2. 겨울에 자전거를 타면 어떨까요?
   ① 손과 발이 시려요. ② 차가운 바람이 입으로 들어와 숨쉬기가 힘들어요.
   ③ 얼굴이 빨갛게 얼어요. ④ 입김이 나와요.
3. 자전거를 탈 때 자신을 보호하기 위해 어떻게 해야 할까요?
   ① 안전모, 무릎 보호대, 팔꿈치 보호대를 착용해요. ② 주변을 잘 살피고 타요.
   ③ 사람들이 많은 곳에서는 천천히 달려요. ④ 횡단보도에서는 걸어가요.
4. 엄마와 아빠가 나의 앞과 뒤에서 달리는 이유는 무엇일까요?
   • 나를 보호하기 위해서예요. 어른들은 아이들의 안전을 위해 노력해요.

8. 짧은 글 이해하기

내가 읽어볼게

5월 10일은 내 생일이에요.
엄마와 아빠한테 생일 선물을 받았어요.
나는 선물을 받고 환하게 웃었어요.

1. 내 생일은 언제인가요?

2. 나는 누구한테 생일 선물을 받았어요?

3. 나는 선물을 받고 어떻게 했어요?

 **엄마와 함께해요**
1. 내 생일은 언제인가요?
2. 생일은 어떤 날인가요?
   ① 내가 태어난 날이에요.
   ② 내가 태어난 걸 축하하는 날이에요.
3. 나, 엄마, 아빠의 생일에 몇 개의 초를 꽂아야 할까요? 그림으로 그려서 비교해 보세요.
4. 내가 받고 싶은 생일선물은 무엇인가요?

이름: 날짜:

📖 내가 읽어볼게

추석에는 할머니를 만나러 갑니다.
할머니는 부산에 살아요.
KTX 기차를 타서 힘들지 않아요.

✏️ 1. 언제 할머니를 만나러 가요?

2. 할머니는 어디에 살아요?

3. KTX 기차를 타서 어때요?

1. 우리 가족은 명절에 어디로 가나요?
   ① 할머니 댁으로 가요. ② 해외로 가족 여행을 가요. ③ 우리 집에서 명절을 보내요.
2. 부산은 어디에 있을까요? 함께 지도를 찾아보세요.
   • 부산은 경상도에 있어요.
3. KTX 기차는 어떤 기차인가요? KTX를 타고 가면 우리 집에서 부산까지 얼마나 걸릴까요?
   ① KTX는 고속열차예요. 속도가 엄청 빨라요.
   ② 우리 집에서 부산에까지 차로 갈 때는 5시간이 걸리지만 KTX로 가면 2시간 만에 갈 수 있어요.
4. 명절에는 도로가 혼잡해서 자동차보다 기차가 더 빨리 갈 수 있답니다.

8. 짧은 글 이해하기

📖 내가 읽어볼게

우리가 사는 지구에는 낮과 밤이 있습니다.
낮에는 해가 뜹니다.
밤에는 달과 별이 뜹니다.

✏️ 1. 우리가 사는 곳은 어디인가요?

2. 언제 해가 뜰까요?

3. 밤에는 무엇과 무엇이 뜰까요?

 엄마와 함께해요

1. 달과 태양에도 사람이 살고 있을까요?
   ① 태양이 너무 뜨거워서 사람이 살 수 없을 것 같아요.
   ② 달은 뜨겁지 않아서 외계인이 살고 있을 것 같아요.
   ③ 달은 산소가 없어서 숨을 쉴 수가 없어요. 사람이 살지 않아요.
2. 만약 낮에도 해가 뜨지 않는다면 어떤 일들이 생길까요?
   ① 낮에도 깜깜해서 무서워요.   ② 낮에도 불을 켜야 해요.   ③ 식물이 잘 자라지 못해요.
3. '하늘' 하면 생각나는 단어들을 말해보세요.
   • 해, 달, 별, 구름, 바람, 비 등
4. 낮과 밤의 하늘에는 무엇이 있을까요? 생각나는 것을 그려보세요.
   Tip. 낮은 환하게 밤은 어둡게 그릴 수 있도록 지도해주세요.

이름:　　　　　　날짜:

📖 내가 읽어볼게

킥보드를 탈 때는 안전모와 무릎 보호대를 착용해요.
특히 횡단보도에서는 절대 킥보드를 타면 안 돼요.
속도가 너무 빠르면 다칠 수 있어요.

✏️ 1. 킥보드를 탈 때는 무엇무엇을 착용해야 해요?

2. 어디에서 절대 킥보드를 타면 안 된다고 했나요?

3. 속도가 빠르면 어떻게 될 수 있을까요?

1. 안전모와 무릎 보호대가 필요한 이유는 무엇일까요?
   · 넘어졌을 때 머리와 무릎을 보호해줘요.
2. 무릎과 팔꿈치가 까지고 피가 나고 있어요. 무슨 일이 있었던 건가요?
   ① 킥보드를 너무 빨리 타다가 넘어져서 다친 것 같아요.
   ② 무릎 보호대와 팔꿈치 보호대를 하지 않아서 많이 다친 것 같아요.
3. 어디서 킥보드를 타면 좋을까요? 안전한 장소를 알려주세요.
   · 공원, 운동장, 놀이터 주변
4. 손잡이가 있고, 발판에 작은 바퀴가 4개 달려 있어요. 'ㄴ' 모양으로 생겼어요.
   한 발을 발판에 올리고 한 발로 바닥을 차면서 앞으로 가요. 이것은 무엇일까요?
   · 킥보드

8. 짧은 글 이해하기

> 내가 읽어볼게

작년에 나는 8살이었는데 올해 9살이 되었어요.
형은 작년에 9살이었는데 올해 10살이 되었어요.
동생은 지금 엄마 배 속에 있어서 나이가 0살이에요.

1. 나는 작년에 몇 살이었나요?

2. 형은 올해 몇 살인가요?

3. 동생의 나이가 0살인 이유는 무엇인가요?

 엄마와 함께해요

1. 나는 작년에 몇 살이었나요?
2. 누구한테 형, 누나라고 불러야 할까요?
   • 나보다 나이가 많은 사람한테 불러요.
3. 나와 동생(형)은 몇 살 차이가 나요? 형과 동생이 없다면 엄마와 아빠는 몇 살 차이가 나는지 알아보세요.
4. 작년과 올해 나의 달라진 점에 관해 이야기 나눠보세요.
   ① 작년엔 울보였는데 올해는 울지 않아요.
   ② 작년보다 키가 더 컸어요.
   ③ 작년에는 글씨를 못 읽었는데 올해는 스스로 읽어요.

이름: 날짜:

🔖 내가 읽어볼게

민준이가 친구의 새 공책에 낙서를 했어요.
친구의 새로 산 공책이 더러워졌어요.
남의 물건을 함부로 만지면 안 돼요.

✏️ 1. 민준이가 친구의 공책에 무엇을 했어요?

2. 친구의 새로 산 공책이 어떻게 되었어요?

3. 남의 물건을 함부로 만져도 될까요? 허락받고 만져야 할까요?

1. 낙서하고 싶어요. 어디에 하면 좋을까요?
  - 이면지, 내 연습장, 모르면 엄마한테 물어보기
2. 내 물건에 누가 낙서를 하면 내 마음은 어떨까요?
  ① 기분이 나빠요. ② 황당해요. ③ 화가 나요.
3. 친구 관계에서 내가 생각하는 미운 행동에 대해 말해보세요.
  - 허락을 안 받고 친구 물건을 함부로 가져가거나 만지기, 친구 흉보기, 친구 놀리기, 친구한테 미운 말(욕) 하기 등
4. 아주 친한 친구 사이는 허락받지 않고 물건을 가져가도 괜찮을까요?
  - 친한 친구 사이여도 남의 물건을 빌릴 때는 꼭 허락받아야 좋은 관계가 유지될 수 있어요.

8. 짧은 글 이해하기

📖 내가 읽어볼게

주영이가 장난감을 던져서 다칠 뻔했어요.
속상할 때는 말로 표현해야 해요.
주영이는 사이좋게 지내는 방법을 배워야 해요.

✏️ 1. 누가 장난감을 던졌어요?

2. 속상할 때는 어떻게 해야 해요?

3. 주영이는 무엇을 배워야 할까요?

1. 친구가 나 때문에 다칠 뻔했어요. 나는 어떻게 표현할 건가요?
   ① 괜찮아? 미안해. ② 모르고 그랬어. 미안해. ③ 안 다쳤어? 깜짝 놀랐지? 미안해.
2. 친구가 던진 물건에 맞을 뻔했어요. 어떻게 표현하면 좋을까요?
   ① 장난감에 맞을 뻔했어. 조심해줘.
   ② 사람이 있는 쪽으로 물건을 던지면 안 돼. 다칠 뻔했어. 조심해줘.
3. 던질 수 있는 장난감이라도 사람 쪽으로 던지면 위험합니다.
4. 친구와 사이좋게 지내는 방법에 관해 이야기 나눠요.
   ① 서로 양보해요. ② 배려해요. ③ 미운 말을 하지 않아요.
   ④ 위험한 행동을 하지 않아요. ⑤ 잘못했을 때는 멋지게 사과해요.

이름: 날짜:

📖 **내가 읽어볼게**

우리 반에는 화를 잘 내는 친구가 있어요.
말로 하면 되는데 꼭 물건을 던지거나 다른 친구를 밀어요.
친구가 착해졌으면 좋겠어요.

✏️ 1. 우리 반에는 어떤 친구가 있어요?

2. 그 친구는 어떤 행동을 하나요?

3. 나는 친구가 어떻게 되었으면 좋겠다고 생각하나요?

1. 우리 반에도 화를 잘 내는 친구가 있나요?
2. 사람은 절대 화를 내면 안 되는 걸까요?
   ① 화가 나는 감정은 괜찮아요. 화를 표현하는 방법이 중요해요. 말로 멋지게 표현할 수 있어야 해요.
   ② 화가 나는 건 소중한 감정이에요. 감정과 행동을 조절해서 표현할 수 있어야 해요.
3. 내가 미운 행동을 했을 때 어떤 일들이 벌어졌어요?
   ① 부모님께 야단맞았어요.   ② 분위기가 안 좋아졌어요.   ③ 부모님의 기분이 안 좋아졌어요.
4. 동물들은 화가 나면 어떻게 해요?
   ① 서로 물고 뜯고 으르렁거려요.
   ② 위험한 행동을 많이 해요.

8. 짧은 글 이해하기

 내가 읽어볼게

수업 시간이에요.
화장실에 가고 싶어서 손을 들고 말했어요.
그냥 나가면 방해가 되니까요.

1. 어떤 시간인가요?

2. 화장실에 가고 싶어서 나는 어떻게 했어요?

3. 그냥 나가면 어떻게 된다고 했어요?

 엄마와 함께해요

1. 학교에는 규칙이 있어요. 수업 시간의 규칙은 무엇일까요?
   ① 조용히 수업에 집중하기
   ② 화장실에 가고 싶을 때 손을 들고 말하기
   ③ 방해 행동하지 않기
2. 수업 시간의 방해 행동에는 어떤 것이 있을까요?
   • 수업 시간에 떠들기, 돌아다니기, 의자 흔들기, 친구에게 장난치기 등
3. 수업 시간에는 화장실에 갈 때도, 화장실에 다녀왔을 때도 조용히 걸어야 해요.
4. 화장실에 간 친구가 오지 않아요. 무슨 일일까요?
   ① 배가 아파서 오래 걸릴 것 같아요. ② 화장실에 가다가 바지에 실수를 한 건 아닐까요?

이름:　　　　　　　날짜:

내가 읽어볼게

급식 시간만 되면 남자 친구들은 누가 빨리 먹나 경쟁을 해요.
씹지도 않고 허겁지겁 급하게 음식을 넘겨요.
그러다가 체할까 봐 걱정돼요.

1. 급식 시간만 되면 남자 친구들은 무엇을 해요?

2. 음식을 어떻게 먹어요?

3. 나는 어떤 걱정을 하나요?

1. 급식 시간 식사 예절에 대해 이야기 나눠보세요.
   ① 줄을 서서 음식을 받아 오기 ② 먹을 만큼만 음식 받기
   ③ 천천히 꼭꼭 씹어서 먹기 ④ 먹을 때 돌아다니지 않기 ⑤ 먹은 후 식판을 반납하기
2. 허겁지겁 먹으면 어떤 일들이 발생할까요?
   ① 음식을 흘려요. ② 체할 수 있어요. ③ 식판 주변이 지저분해져요. ④ 입이나 옷에 묻어요.
3. 어떤 상황에서 우리는 경쟁을 하나요?
   ① 운동회나 체육 시간에 팀별로 축구, 피구, 달리기 등을 할 때 ② 대회에 나갔을 때
4. 체했을 때의 증상에 대해 말해보세요.
   • 설사, 어지러움, 두통, 소화가 안 됨, 구토, 가슴이 답답함 등

8. 짧은 글 이해하기

📖 내가 읽어볼게

수정이가 발표를 하고 있어요.
그런데 혜영이가 갑자기 끼어들었어요.
선생님께서 혜영이한테 조용히 기다리라고 말씀하셨어요.
발표가 끝날 때까지 잘 들어야 해요.

✏️ 1. 누가 발표를 하고 있어요?

2. 발표할 때 끼어든 사람은 누구인가요?

3. 발표가 끝날 때까지 어떻게 해야 할까요?

 엄마와 함께해요

1. 발표할 때의 태도에 대해 말해보세요.
   • 목소리는 크게, 발음은 또박또박, 자세는 바로 서서 몸을 흔들지 않고, 앞을 보고 멋지게 발표해요.
2. 친구가 발표할 때 우리는 어떻게 해야 할까요?
   ① 친구의 이야기를 잘 들어요. ② 움직이거나 큰 소리로 방해하지 않아요. ③ 바른 자세를 유지해요.
3. 선생님 말씀이나 친구의 발표 내용을 잘 듣지 못하면 어떻게 될까요?
   ① 내용을 이해하지 못해서 내 생각을 말할 수 없어요.
   ② 내용을 이해하지 못해서 문제를 풀 수 없어요.
4. 나는 발표할 때 떨리고 긴장되나요? 또 언제 떨리고 긴장돼요?
   ① 피아노 학원 연주회 때 ② 발레 대회에 나갔을 때 ③ 사람들 앞에서 노래를 부를 때

이름: 날짜:

📖 **내가 읽어볼게**

수학 시간에 조용히 문제를 풀고 있었어요.
짝꿍이 "너무 어려워."하면서 큰 소리로 짜증을 냈어요.
친구들 모두 당황하고 깜짝 놀랐어요.
선생님이 짝꿍을 달래주셨어요.
짝꿍이 너무 큰 소리로 짜증을 내서 우리는 집중할 수가 없었어요.

✏️ 1. 무슨 수업 시간인가요?

2. 짝꿍이 어떤 말을 하며 짜증을 냈나요?

3. 우리는 왜 수업에 집중할 수 없었어요?

1. 나는 수학 시간이 좋아요? 이유를 설명해 보세요.
   ① 수학 계산이 어렵지 않아요. 그래서 재미있고 좋아요.
   ② 어려워서 싫어요.
2. 수학 문제를 틀렸어요. 틀린 문제는 어떻게 해야 할까요?
   • 다시 문제를 풀어보고 공부해서 틀리지 않도록 해요.
3. (글감) 짝꿍은 어떻게 했어야 해요?
   • 수학 문제가 어려워도 큰 소리로 짜증을 내면 안 돼요. 문제가 어려우면 선생님이나 친구에게 물어봤어야 해요.
4. 교실에서 당황하고 깜짝 놀랐던 적이 있을까요? 생각해 보세요.
   ① 벌레가 날아다녀서   ② 친구가 소리를 질러서   ③ 책을 안 가지고 와서
   ④ 물건이 떨어지면서 큰 소리가 나서   ⑤ 친구가 다쳐서   ⑥ 친구가 수업 시간에 돌아다녀서

8. 짧은 글 이해하기

📖 내가 읽어볼게

우리 선생님은 천사예요.
하지만 수업 시간에 장난을 치거나 떠들면 호랑이 선생님이 돼요.
선생님의 표정과 목소리가 무섭게 변해요.
나는 천사 선생님이 좋아요.
수업 시간에 집중하도록 노력해야겠어요.

✏️ 1. 천사 선생님은 누구인가요?

2. 수업 시간에 장난을 치면 선생님은 어떤 선생님이 될까요?

3. 나는 호랑이 선생님을 좋아해요? 천사 선생님을 좋아해요?

1. 우리 엄마가 호랑이가 될 때는 언제인가요?
   ① 내가 말을 안 들을 때 ② 정리를 안 했을 때 ③ 씻지 않았을 때 ④ 동생을 괴롭힐 때
2. 호랑이 선생님은 어떤 선생님을 말할까요?
3. 우리 엄마가 천사 같을 때는 언제인가요?
   ① 나한테 다정하게 말해줄 때
   ② 나를 꼭 안아줄 때
   ③ 나를 보고 웃어줄 때
4. 나는 학교나 유치원에서 어떤 친구인가요?
   • 나는 모범생(또는 장난꾸러기)입니다.

이름: 날짜:

📖 내가 읽어볼게

아기일 때 처음으로 나는 이가 젖니예요.
일곱 살쯤 되면 젖니가 빠지기 시작해요.
이가 빠지면 튼튼한 새 이가 다시 나와요.
양치를 꼼꼼히 해서 튼튼한 치아가 되도록 만들어야 해요.

✏️ 1. 아기일 때 처음으로 나는 이는 무엇인가요?

2. 몇 살쯤 되면 젖니가 빠지기 시작하나요?

3. 튼튼한 치아가 되려면 어떻게 해야 해요?

 1. 젖니가 빠지면 영구치가 나옵니다. 영구치는 관리를 잘해야 해요.
2. 지금 내 치아는 튼튼한가요? 충치가 있는지 살펴보세요.
3. 앞니가 빠지면 무엇이 불편할까요?
   ① 사과를 깨물어 먹을 수가 없어요.
   ② 젤리를 앞니로 뜯을 수가 없어요.
4. 내 이는 어떻게 빠졌어요?
   ① 밥을 먹다가 저절로 빠졌어요.
   ② 엄마가 빼주셨어요.
   ③ 치과에서 뺐거요.

8. 짧은 글 이해하기

> 내가 읽어볼게

새해가 시작되었어요.
나는 이제 8살입니다.
새해가 되면 사람들은 "새해 복 많이 받으세요."라고 인사를 합니다.
나는 친구들에게 "새해 복 많이 받아."라고 인사를 했어요.

1. 나는 이제 몇 살인가요?

2. 새해가 되면 사람들은 어떻게 인사를 해요?

3. 언제 사람들은 "새해 복 많이 받으세요." 하고 인사를 할까요?

엄마와 함께해요
1. 새해 첫날은 몇 월 며칠일까요?
2. 새해 첫날 우리 가족은 어떻게 인사를 나누었어요?
3. 한 해의 마지막 날은 몇 월 며칠일까요?
4. 올해 나는 8살이 되었어요. 작년에는 몇 살이었나요?

이름:　　　　　　　날짜:

📖 내가 읽어볼게

아기는 배가 아프면 기저귀에 응가를 해요.
나는 배가 아프면 화장실에 가요.
내가 엄마한테 똥이 마렵다고 말했더니 형이 대변이라고 말하래요.
같은 말인데 느낌이 다른가 봐요.

✏️ 1. 아기는 어디에 응가를 해요?

2. 형은 똥이 아니라 뭐라고 말하라고 하나요?

3. 나는 배가 아프면 어디로 가요?

1. 아기와 나를 비교해 보세요.
    ① 아기는 배가 아프면 응애응애 울고 나는 배가 아프다고 달해요.
    ② 아기는 기저귀에 응가를 하고 나는 화장실에서 볼일을 보요.
2. 아기가 쓰는 말과 내가 하는 말은 달라요.
    • 맘마(밥), 지지(더러워), 붕붕(자동차), 까까(과자), 쉬 마려워(소변 마려워) 등
3. 엄마와 아빠는 화장실에 갈 때 어떻게 표현할까요?
    ① 엄마 화장실 다녀올게. ② 아빠 볼일 좀 보고 올게. ③ 아빠 너무 급해.
4. '응가'는 귀여운 느낌이 들고 '똥'은 응가보다 더러운 느낌이 들어요.

8. 짧은 글 이해하기

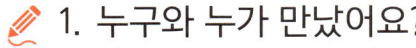

바람과 해님이 만났습니다.
바람이 말하였습니다. "내가 이 세상에서 가장 힘이 세."
해님이 말하였습니다. "아니야, 내가 더 힘이 세."
둘은 만나기만 하면 서로 자기가 힘이 세다고 다투었습니다.

1. 누구와 누가 만났어요?

2. "내가 이 세상에서 가장 힘이 세."라고 말한 사람은 누구인가요?

3. 바람과 해님은 서로 사이가 좋은가요?

1. 우리 집에서 힘이 센 사람부터 순서대로 말해보세요.
2. 힘이 세면 좋은 점이 무엇일까요?
   • 힘이 세면 무거운 물건도 잘 들 수 있고, 나쁜 친구도 혼내줄 수 있어요.
3. 너무 센 바람(태풍, 허리케인)과 무더위는 우리에게 피해를 줍니다.
4. 우리 가족과 팔씨름을 해보세요.

이름: 날짜:

📖 내가 읽어볼게

야구, 축구, 농구는 모두 공으로 하는 운동이에요.
야구는 방망이로 공을 치고 달려요.
축구는 발로 공을 차서 골대에 넣어요.
농구는 손으로 공을 높이 던져서 골대에 넣어요.

✏️ 1. 공으로 하는 운동에는 어떤 운동이 있나요?

2. 방망이로 공을 치고 달리는 운동은 무엇인가요?

3. 손으로 공을 높이 던져서 골대에 넣는 운동은 무엇인가요?

1. 공으로 하는 운동의 종류를 말해보세요.
  • 야구, 축구, 농구, 배구, 탁구, 골프, 테니스 등
2. 내가 좋아하는 운동은 무엇인가요?
3. 가족에게 어울리는 운동을 추천해 주세요.
4. 야구, 축구, 농구공 중에서 가장 작은 공은 무엇일까요?

9

비교하기 이해하기

비교하기는
1. 두 가지 이상의 대상이 있어야 합니다.
2. 그 대상들의 특징에 대해 구체적으로 관찰할 수 있어야 하고 핵심 파악이 가능해야 합니다.
3. 대상 간 공통점과 차이점에 대한 이해가 가능해야 합니다.

비교하기가 약한 아동의 특징은
1. 지각처리 능력이 약합니다.
2. 대상 간 인과관계 판단이 약합니다.
3. 사물의 특성을 구체적으로 살피는 관찰 능력과 핵심 파악 능력이 약합니다.

비교하기의 향상을 위해서는
1. 경험하고 알고 있는 사물과 대상 등에 대한 기초인지 지각처리가 중요합니다. 알고 있는 것에 대한 지각처리가 어렵다면 새로운 사물이나 대상에 대한 관찰과 연상으로 이어질 수가 없습니다.
2. 지각처리 향상을 위해서는 직접 그림으로 표현해 보고 구체적으로 특징을 설명해 보는 작업이 중요합니다.
   이는 관찰 과정으로 연결되어 이미지화를 돕고 설명 능력을 향상시킵니다.
3. 결론적으로 비교하기 향상을 위해서는 단순히 읽기에만 치중하는 것이 아닌 그리기, 설명하기 등의 시·청지각 통합 과정을 통해 장기기억으로의 저장이 수월해지도록 도와주어야 합니다.

9. 비교하기 이해하기
1) 기초인지 선택 비교하기

1. 의자와 식탁 중 무엇이 더 무거울까요?

2. 고양이와 다람쥐 중 더 큰 것은 무엇일까요?

3. 공부와 게임 중 무엇이 더 재밌을까요?

4. 내 손과 아빠 손 중에서 누구 손이 더 클까요?

5. 바다와 호수 중 더 넓은 곳은 어디일까요?

이름: 날짜:

✏️ 1. 지렁이와 뱀 중에서 무엇이 더 길까요?

2. 내 다리와 아빠 다리 중 누구 다리가 더 길까요?

3. 수영장과 바다 중 더 깊은 곳은 어디일까요?

4. 하늘과 산 중 무엇이 더 높을까요?

5. 태양과 달 중 무엇이 더 뜨거울까요?

9. 비교하기 이해하기
1) 기초인지 선택 비교하기

1. 가을과 여름 중 어떤 계절이 더 시원할까요?

2. 엄마와 동생 중 나이가 더 많은 사람은 누구일까요?

3. 소와 송아지 중 누가 먼저 태어났을까요?

4. 딸기우유와 흰 우유 중 어떤 것이 더 달콤할까요?

5. 킥보드와 자동차 중 무엇이 더 빠를까요?

이름: 날짜:

1. 냉장고와 선풍기 중 무엇이 더 무거울까요?

2. 나와 할아버지 중에서 누구의 키가 더 클까요?

3. 학교와 아파트 중 무엇이 더 높을까요?

4. 사과와 방울토마토 중 더 작은 것은 무엇일까요?

5. 얼음과 물 중 무엇이 더 차가울까요?

9. 비교하기 이해하기
2) 공통점과 차이점

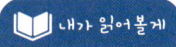 내가 읽어볼게

[털모자와 털장갑]

○ 털모자와 털장갑은 겨울에 필요합니다.
○ 털모자와 털장갑은 우리 몸을 따뜻하게 만들어줍니다.

✎ 털모자와 털장갑의 공통점을 모두 찾아 쓰세요.

1.

2.

 엄마와 함께해요
1. 털모자와 털장갑의 특징을 살려 그림으로 표현해 보세요.
2. 내 장갑과 아빠 장갑의 공통점과 차이점들을 생각해 보세요.
  ① 공통점: 장갑을 끼면 손이 시리지 않다. 차가운 눈을 만질 때 손을 보호해준다.
  ② 차이점: 아빠 장갑은 크고 내 장갑은 작다. 장갑 색깔이 다르다.
       아빠 장갑은 손가락장갑인데 내 장갑은 벙어리장갑이다.
3. 우리 몸을 따뜻하게 해주는 것에는 무엇이 있는지 생각해 보세요.
  • 털부츠, 패딩 잠바, 목도리, 내복, 핫팩, 따뜻한 국물 등

이름:　　　　　날짜:　　　　　　　　

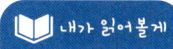

[치약과 칫솔]

○ 치약과 칫솔은 욕실에서 사용합니다.
○ 치약과 칫솔은 튼튼한 치아를 위해 필요합니다.

✏️ 치약과 칫솔의 공통점을 모두 찾아 쓰세요.

1.

2.

1. 내 치약과 칫솔을 보고 똑같이 그려보세요.
   Tip. 따라 그리기는 협응력과 관찰력에 도움을 줍니다.
2. 어른 치약과 내 치약의 차이점에 대해 생각해 보세요.
   ① 어른 치약은 화하다. 내 치약은 달콤하다.
   ② 어른 치약은 먹으면 안 된다. 내 치약은 먹어도 된다.
3. 치약과 칫솔은 어떻게 보관하면 좋을까요?
   ① 치약과 칫솔을 통에 꽂아서 보관한다.
   ② 칫솔은 칫솔 살균기에 보관한다.

9. 비교하기 이해하기
2) 공통점과 차이점

 내가 읽어볼게

[에어컨과 선풍기]

o 에어컨과 선풍기는 전자제품입니다.
o 에어컨과 선풍기는 모두 여름에 사용합니다.
o 에어컨과 선풍기는 무더운 우리 집을 시원하게 해줍니다.

✏️ 에어컨과 선풍기의 공통점을 모두 찾아 쓰세요.

1.

2.

3.

 엄마와 함께해요

1. 우리 집에는 에어컨과 선풍기가 각각 몇 대씩 있는지 함께 찾아보세요.
2. 에어컨과 선풍기의 차이점에 대해 생각해 보세요.
   ① 에어컨이 선풍기보다 더 시원하다.
   ② 에어컨은 고정되어 있는데 선풍기는 이동이 가능하다.
3. 정해진 시간 안에 우리 집의 전자제품을 빨리 찾고 말하기를 해보세요.
   Tip. 연상 능력, 정보처리 속도, 범주화 능력 향상에 도움을 줍니다.

이름: 날짜:

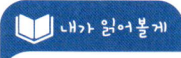

[바나나와 사과]

- 바나나는 노란색이고 사과는 빨간색입니다.
- 바나나는 길쭉한 모양이고 사과는 둥근 모양입니다.

✏️ 바나나와 사과의 다른 점을 써 보세요.

바나나	사과
1. 노란색	1.
2. 길쭉한 모양	2.

1. 바나나와 사과의 특징을 살려 그림으로 표현하세요. 그다음 그림을 보면서 비교 설명해 보세요.
   Tip. 직접 그림으로 표현한 구체화 작업은 사물의 특성을 좀 더 빠르게 파악하고 기억할 수 있도록 돕습니다.
2. 바나나와 사과의 다른 특징들도 더 생각해 보세요.
   ① 바나나는 달콤하고 사과는 새콤달콤해요.
   ② 바나나는 부드럽고 사과는 딱딱해요.
3. 나는 사과와 바나나 중 어떤 과일을 더 좋아하나요? 그 이유는 무엇일까요?

9. 비교하기 이해하기
2) 공통점과 차이점

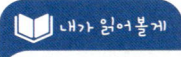 내가 읽어볼게

[자전거와 자동차]

o 자전거와 자동차는 탈것입니다.
o 자전거는 바퀴가 2개이지만 자동차는 바퀴가 4개입니다.

1. 자전거와 자동차의 같은 점을 써 보세요.

2. 자전거와 자동차의 다른 점을 써 보세요.

자전거	자동차
바퀴가 2개	

 엄마와 함께해요
1. 자전거와 자동차의 특징을 살려 그림으로 표현해 보세요.
2. 자전거와 자동차의 공통점과 차이점들을 더 생각해 보세요.
   ① 공통점 : 둘 다 바퀴가 있어요. 위험할 때 소리를 낼 수 있어요.
   ② 차이점 : 자전거는 자전거 도로로 가고 자동차는 차도로 가요. 자동차가 속도가 더 빨라요.
3. 탈것 중 제일 빠른 것부터 나열해 보세요.
   Tip. 순서화 처리능력 향상에 도움을 줍니다.

이름:　　　　　　　날짜:　　　　　　　

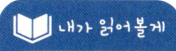

[수박과 귤]

- 수박과 귤은 둥근 과일입니다.
- 수박은 초록색이고 큽니다.
- 귤은 주황색이고 작습니다.
- 수박은 밭에서 자라지만 귤은 나무에서 자랍니다.

1. 수박과 귤의 같은 점을 써 보세요.

2. 수박과 귤의 다른 점을 써 보세요.

수박	귤
1. 초록색이고 큽니다.	1.
2. 밭에서 자랍니다.	2.

1. 수박과 귤의 특징을 살려 그림으로 표현해 보세요.
2. 수박과 귤의 다른 특징들도 더 생각해 보세요.
   ① 수박은 줄무늬가 있고 귤은 줄무늬가 없어요.
   ② 수박은 껍질을 손으로 벗길 수 없고 귤은 손으로 벗길 수 있어요.
3. 작은 과일과 큰 과일의 이름을 교대로 빠르게 말해보세요.
   · 귤 / 수박 / 사과 / 멜론 / 복숭아 / 파인애플
   Tip. 아동의 작업기억력 향상과 정보처리 속도 향상에 도움을 줍니다.

9. 비교하기 이해하기
2) 공통점과 차이점

 내가 읽어볼게

[비행기와 자동차]

- 비행기와 자동차는 탈것입니다.
- 둘 다 매우 빠릅니다.
- 비행기는 하늘로 다니고 자동차는 도로로 다닙니다.
- 비행기는 날개가 있고 자동차는 바퀴만 있습니다.

1. 비행기와 자동차의 <u>같은 점</u>을 써 보세요.

2. 비행기와 자동차의 <u>다른 점</u>을 써 보세요.

비행기	자동차
1. 하늘로 다녀요.	1.
2. 날개가 있어요.	2.

 엄마와 함께해요

1. 비행기와 자동차의 특징을 살려 그림으로 표현해 보세요.
2. 비행기와 자동차의 공통점과 차이점들을 더 생각해 보세요.
   ① 공통점: 음주 운전을 하면 위험해요. 어린이는 운전할 수 없어요.
   ② 차이점: 비행기는 자동차보다 더 커요. 비행기는 공항에서 타고 자동차는 주차장에서 타요.
            비행기는 조종사가 운전하고 자동차는 엄마와 아빠가 운전해요.
3. 정해진 시간 안에 탈것 이름 대기 시합을 해보세요.
   Tip. 빠르게 이름 대기는 연상 능력과 정보처리 속도 향상에 도움을 줍니다.

이름: 날짜:

[연필과 색연필]

- 연필과 색연필은 학용품입니다.
- 둘 다 길쭉합니다.
- 연필은 글씨를 쓸 때 사용하고 색연필은 색칠할 때 주로 사용합니다.
- 연필은 지우개로 지울 수 있지만 색연필은 지우개로 지울 수 없습니다.

1. 연필과 색연필의 같은 점을 써 보세요.

2. 연필과 색연필의 다른 점을 써 보세요.

연필	색연필
1.	1.
2.	2.

 1. 연필과 색연필의 특징을 살려 그림으로 표현해 보세요.
2. 학용품의 뜻을 말해보세요.
   • 공부할 때 필요한 물건을 말해요. 필기도구, 공책 등을 의미합니다.
3. 정해진 시간 안에 학용품 이름 대기 시합을 해보세요.

9. 비교하기 이해하기
2) 공통점과 차이점

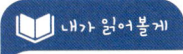 내가 읽어볼게

[아빠와 나]

- 아빠와 나는 남자입니다.
- 둘 다 눈이 크고 곱슬머리입니다.
- 아빠는 키가 크고 뚱뚱하지만 나는 키가 작고 날씬합니다.
- 아빠는 축구를 잘하고 난 야구를 잘합니다.

1. 아빠와 나의 같은 점을 써 보세요.

2. 아빠와 나의 다른 점을 써 보세요.

아빠	나
1.	1.
2.	2.

 엄마와 함께해요

1. (글감) 아빠와 나의 특징을 살려 그림으로 표현해 보세요.
2. 우리 아빠와 나의 공통점과 차이점들을 생각해 보세요.
   ① 공통점 : 아빠와 나는 매운 음식을 좋아해요. 아빠와 나는 수영을 좋아해요.
   ② 차이점 : 아빠는 회사에 다니고 나는 학교에 다녀요. 아빠는 어른이고 나는 어린이예요.
3. 우리 아빠의 특징에 대해 이야기 나눠보세요.
   • 아래 예시를 참고하세요.
   ① 생김새: 키가 크고 머리가 짧다. 눈은 작고 코가 오똑하다. 얼굴에 점이 있다. ② 성격: 화를 잘 내지 않고 다정하다.
   ③ 취미: 활동적인 운동을 좋아한다. ④ 좋아하는 음식: 치킨과 맥주를 가장 좋아한다.
   Tip. 발달 지연 아동들은 사람의 특징을 설명하는 것을 특히 어려워합니다. 사과나 버스처럼 모양이나 색이 정형화되지 않은 대상이기 때문입니다. 다양한 대상의 특징설명을 통해 아이 스스로 특징을 찾아내는 단계까지 이를 수 있도록 꾸준히 도전해보세요.

이름:　　　　　　날짜:　　　　　　　　　　　

[오렌지주스와 딸기주스]

○ 오렌지주스는 오렌지로 만들고 딸기주스는 딸기로 만들어요.

○ 오렌지주스는 새콤하고 딸기주스는 달콤해요.

✏️ 오렌지주스와 딸기주스의 차이점을 표로 만들어 작성해 보세요. 앞의 표를 참고하세요.

1. 내가 만들고 싶은 과일주스를 구체적으로 묘사하여 설명해 보세요.
   • 망고주스: 색깔은 노란색, 맛은 새콤달콤, 식감은 부드럽다.
2. 엄마표 과일주스의 장점에 대해 생각해 보세요.
   ① 엄마의 사랑과 정성이 가득하다.　② 신선한 재료를 사용한다.　③ 과일이 듬뿍 들어간다.
3. 과일주스를 만드는 방법에 대해 알려주세요.
   ① 먹고 싶은 과일을 씻어서 자른다.　② 믹서기에 넣고 돌린다.　③ 컵에 따라서 맛있게 마신다.
   Tip. 순서화와 조직화 능력 향상에 도움을 줍니다.

9. 비교하기 이해하기
2) 공통점과 차이점

 내가 읽어볼게

[SRT 고속기차와 새마을호 기차]

- SRT 고속기차는 매우 빠르고 새마을호 기차는 SRT보다 느립니다.
- SRT 고속기차는 보라색이고 새마을호 기차는 초록색입니다.

✏️ SRT 고속기차와 새마을호 기차의 차이점을 표로 만들어 작성해 보세요.

 엄마와 함께해요
1. SRT 고속기차의 특징을 살려 그림으로 표현해 보세요.
2. SRT 고속기차의 장점에 대해 생각해 보세요.
    ① 먼 거리도 빨리 갈 수 있어요.
    ② 운전을 안 해서 편하게 갈 수 있어요.
    ③ 길이 막히지 않아요.
3. 정해진 시간 안에 탈것 중 빠른 것과 느린 것의 이름을 교대로 말해보세요.
    • SRT / 세발자전거 / KTX / 두발자전거 / 비행기 / 킥보드 / 스포츠카 / 포크레인
    Tip. 아동의 작업기억력, 정보처리 속도, 주의력 향상에 도움을 줍니다.

이름:　　　　　　　　　　날짜:

[사자와 기린]

○ 사자와 기린은 동물입니다.

○ 사자는 육식동물이고 기린은 초식동물입니다.

○ 사자는 고기를 좋아하고 기린은 나뭇잎을 좋아합니다.

✏️ 사자와 기린의 차이점을 표로 만들어 작성해 보세요.

1. 사자와 기린의 특징을 살려 그림으로 표현해 보세요.
   · 관찰력과 핵심 파악 능력에 도움을 줍니다.
2. 우리 가족은 어떤 음식을 좋아하는지 이야기 나눠보세요.
   · 관심 영역의 확장으로 이어집니다.
3. 정해진 시간 안에 육식동물과 초식동물의 이름을 교대로 말해보세요.
   · 치타 / 토끼 / 호랑이 / 염소 / 표범 / 양 / 늑대 / 얼룩말 / 여우 / 코끼리

9. 비교하기 이해하기
2) 공통점과 차이점

 내가 읽어볼게

[장화와 부츠]

o 장화와 부츠는 모두 신발입니다.

o 장화는 비 올 때 신고 부츠는 추운 겨울에 신어요.

✎ 장화와 부츠의 공통점과 차이점을 모두 찾아 쓰세요.

1. 공통점:

2. 차이점:

 1. 장화와 부츠의 특징을 살려 그림으로 표현해 보세요.
2. 장화와 부츠의 공통점과 차이점들을 더 생각해 보세요.
   ① 공통점: 방수가 된다. 신발의 높이가 높다. (발목이나 종아리까지 올라온다.)
   ② 차이점: 부츠는 겨울에 신고 장화는 비가 올 때 신는다. 부츠는 털이 있고 장화는 털이 없다.
3. 상황별 신발을 연결 지어보세요.
   ① 산에 갈 때 등산화
   ② 물놀이할 때 아쿠아슈즈
   ③ 줄넘기할 때 운동화
   ④ 더울 때 샌들이나 슬리퍼

이름:　　　　　　　날짜:

[키즈카페와 놀이터]

○ 키즈카페와 놀이터는 아이들이 좋아합니다.
○ 키즈카페는 실내에 있고 놀이터는 실외에 있습니다.

✏️ 키즈카페와 놀이터의 공통점과 차이점을 모두 찾아 쓰세요.

1. 공통점:

2. 차이점:

 1. 내가 가장 좋아하는 놀이기구의 특징을 살려 그림으로 표현해 보세요.
　　・어려워하는 경우 보고 따라 그릴 수 있도록 해주세요.
2. 키즈카페의 장점에 대해 생각해 보세요.
　　① 놀이기구가 많다.　② 음식을 시켜 먹을 수 있다.　③ 여름과 겨울에 더위와 추위를 피할 수 있다.
3. 놀이터의 단점에 대해 생각해 보세요.
　　① 놀이기구가 적다.
　　② 여름과 겨울에는 덥거나 추워서 놀기가 불편하다.

9. 비교하기 이해하기
2) 공통점과 차이점

 내가 읽어볼게

[경찰차와 구급차]

- 경찰차와 구급차는 탈것입니다.
- 경찰차는 경찰 아저씨가 타고 구급차는 119 구조 대원이 탑니다.
- 경찰차는 경찰서로 가고 구급차는 병원으로 갑니다.

✏️ 경찰차와 구급차의 공통점과 차이점을 모두 찾아 쓰세요.

1. 공통점:

2. 차이점:

 엄마와 함께해요
1. 경찰차와 구급차의 특징을 살려 그림으로 표현해 보세요.
2. 경찰차와 구급차의 공통점을 더 생각해 보세요.
   ① 우리가 안전하도록 도와준다.
   ② 위급 상황 시 사이렌을 울릴 수 있다.
3. 경찰차와 구급차를 활용하여 역할극이나 놀이로 진행해 보세요.
   놀이 진행 전 어떤 스토리로 진행할지 먼저 설명하도록 유도하세요.
   Tip. 생각 과정이 놀이나 역할극으로 옮겨지면서 기억과 주의 유지에 도움이 됩니다.

이름: 날짜:

[치과와 소아청소년과]

- 치과는 이가 아플 때 가고 소아청소년과는 감기에 걸렸을 때 갑니다.
- 치과와 소아청소년과는 모두 병원입니다.
- 치과와 소아청소년과에는 의사 선생님이 있습니다.

치과와 소아청소년과의 공통점과 차이점을 모두 찾아 쓰세요.

1. 공통점:

2. 차이점:

1. 치과에서 있었던 경험을 이야기해 보세요.
2. 병원의 종류와 병원에 가는 상황을 연결해서 말해보세요.
   ① 정형외과: 다리가 부러졌어요.   ② 안과: 눈에 염증이 생겼어요.
   ③ 소아청소년과: 배가 아프고 설사 해요.   ④ 이비인후과: 비염이 심해요.   ⑤ 산부인과: 아기를 낳아요.
3. 감기에 걸렸어요. 기침이 심하고 콧물도 나요. 소아청소년과 의사 선생님은 무엇을 하실까요?
   • 코와 귀를 관찰하고 목이 많이 부었는지 확인해요. 청진기로 숨소리가 맑은지 거친지 확인해요.
     코와 목에 약을 뿌려요. 호흡기 치료를 처방해요. 약을 처방해요.

9. 비교하기 이해하기
2) 공통점과 차이점

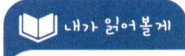 내가 읽어볼게

[할아버지와 할머니]

- 할아버지는 남자고 할머니는 여자입니다.
- 할아버지와 할머니는 우리 가족입니다.
- 할아버지와 할머니는 흰머리가 많습니다.
- 할아버지와 할머니는 나이가 많습니다.

✎ 할아버지와 할머니의 공통점과 차이점을 모두 찾아 쓰세요.

1. 공통점:

2. 차이점:

 엄마와 함께해요

1. 할머니의 특징을 살려 그림으로 표현해 보세요.
2. 나와 할아버지를 비교해 보세요.
   ① 나는 나이가 적고 할아버지는 나이가 많아요.
   ② 나는 주름이 없고 할아버지는 주름이 있어요.
   ③ 나는 작은 글씨도 잘 보이는데 할아버지는 돋보기를 써야 보인대요.
   ④ 나는 쌩쌩 잘 뛰는데 할아버지는 무릎이 약해서 걸어 다녀요.
3. 나는 나이가 들면 할아버지가 될까요? 할머니가 될까요? 나는 어떤 모습으로 바뀔까요?
   ① 나는 예쁜 할머니가 될 거예요.   ② 운동을 열심히 해서 몸짱 할머니가 될 거예요.
   ③ 머리는 항상 검은색으로 염색할 거예요.

이름: 날짜:

[텔레비전과 핸드폰]

- 텔레비전과 핸드폰으로 재밌는 영상을 볼 수 있습니다.
- 텔레비전은 무겁고 핸드폰은 가볍습니다.
- 텔레비전 크고 핸드폰은 작습니다.
- 텔레비전은 통화를 할 수 없고 핸드폰은 통화를 할 수 있습니다.

✏️ 텔레비전과 핸드폰의 공통점과 차이점을 모두 찾아 쓰세요.

1. 공통점:

2. 차이점:

1. 핸드폰의 장점에 대해 더 생각해 보세요.
   ① 통화하고 싶을 때 바로 연락할 수 있어요.
   ② 뉴스, 날씨 등 많은 정보를 얻을 수 있어요.
   ③ 게임을 할 수 있어요.
   ④ 재밌는 볼거리가 많아요.
2. 만약 텔레비전과 핸드폰 중에서 하나만 선택할 수 있다면 무엇을 선택할 건가요?
   ① 핸드폰이요. 핸드폰으로도 영화, 드라마, 유튜브 등을 모두 볼 수 있으니까요.
   ② 핸드폰이요. 텔레비전은 안 봐도 되지만 친구들과의 카톡과 게임은 하고 싶어요.
3. 몇 살부터 내 핸드폰이 생기는지 또는 생겼는지 그 이유를 알려주세요.

9. 비교하기 이해하기
3) 비교 글 이해하기

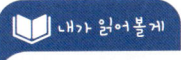 내가 읽어볼게

[산의 장점과 단점]

우리 가족은 산을 좋아한다.
산에 올라갈 때는 숨이 차고 다리도 아프고 힘들지만
맑은 공기도 마실 수 있고 기분도 상쾌해져서 좋다.

1. 우리 가족은 어디를 좋아해요?

2. 산에 올라갈 때 힘든 점은 무엇인가요?

3. 산에 올라가면 좋은 점은 무엇인가요?

 엄마와 함께해요

1. 산책과 등산이 무엇인지 설명해 보세요.
   ① 산책은 가볍게 또는 천천히 걷는 걸 말해요.
   ② 등산은 산에 오르는 것을 말해요.
2. 산이 우리에게 주는 좋은 점들에 대해 알려주세요.
   ① 산의 나무가 맑은 공기를 만들어요.
   ② 등산이 우리 몸을 튼튼하게 해줘요.
   ③ 나무가 많은 산은 산사태를 막아줘요.
3. 내가 가본 산의 이름을 기억하고 있나요? 없다면 우리 지역의 산 이름을 알려주세요.

이름:　　　　　　　날짜:　　　　　　　

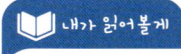

[만화책과 동화책]

만화책은 그림이 많고 글밥이 적어서 좋아요.
동화책은 글밥이 많고 내용이 길어서 읽기 싫어요.
나는 내가 좋아하는 만화책만 읽고 싶은데
엄마는 내가 만화책만 읽는 것을 싫어하세요.

1. 만화책의 좋은 점은 무엇인가요?

2. 내가 읽고 싶어 하는 책은 무엇인가요?

3. 동화책이 읽기 싫은 이유는 무엇인가요?

4. 엄마는 내가 어떤 책을 읽기를 원하실까요?

 1. 내가 좋아하는 책은 어떤 책인가요?
2. 저학년 동화책과 엄마의 소설책을 비교해 보세요.
　　• 그림, 글밥, 페이지 수, 두께 등
3. 학습만화, 역사·만화 등 만화책도 우리에게 도움이 되는 책들이 많답니다.

9. 비교하기 이해하기
3) 비교 글 이해하기

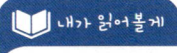 내가 읽어볼게

[내 동생과 나]

내 동생은 1학년이고 나는 5학년이에요.
동생은 1학년이라 숙제가 없고 학원을 1개만 다녀요.
하지만 나는 숙제도 많고 학원을 3개나 다녀요.
그래서 가끔 1학년으로 돌아가고 싶다는 생각을 해요.

1. 1학년은 누구인가요?

2. 동생이 1학년이어서 좋은 점은 무엇인가요?

3. 나와 동생은 학년이 달라요. 나는 몇 학년인가요?

4. 나는 가끔 언제로 돌아가고 싶다고 생각하나요?

 엄마와 함께해요
1. 내가 다니는 학원은 몇 개인가요?
2. 1학년과 5학년을 더 비교해 보세요.
  ① 1학년은 수업이 일찍 끝나요. 5학년은 늦게 끝나요.
  ② 1학년보다 5학년 과목이 더 많아요.
3. 나는 1학년(유치원 또는 아기)으로 돌아가고 싶어요? 이유도 함께 설명해 보세요.

이름:　　　　　　　날짜:

[키울 수 있을까? 키울 수 없을까?]

나는 강아지를 키우고 싶어요.
강아지는 애교가 많고 사람을 좋아해요.
언니는 고양이를 키우고 싶어 해요.
하지만 엄마는 강아지랑 고양이를 모두 키울 수가 없대요.
짖거나 울면 시끄럽고 털이 빠져서 집이 지저분해진대요.

1. 내가 키우고 싶은 동물은 무엇인가요?

2. 내가 키우고 싶은 강아지의 좋은 점은 무엇인가요?

3. 언니는 어떤 동물을 키우고 싶어 해요?

4. 동물을 키우는 것을 반대하는 사람은 누구인가요?

5. 강아지와 고양이 둘 다 키울 수 없는 이유는 무엇인가요?

1. 나는 어떤 동물을 키우고 싶어요? 이유도 함께 설명해 보세요.
2. 반려동물의 좋은 점에 대해 이야기 나눠보세요.
　① 혼자 있어도 외롭지 않아요. 강아지가 내 동생이니까요.
　② 강아지와 놀면 심심하지 않아요.
　③ 학교에 갔다 돌아오면 나를 반갑게 맞이해줘서 좋아요.
3. 키울 수 있는 동물과 키울 수 없는 동물들도 있어요. 어떤 동물들이 있는지 이야기 나눠보세요.

9. 비교하기 이해하기
3) 비교 글 이해하기

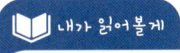

[태권도와 등산]

친구들은 모두 태권도장에 다녀요.
태권도를 배우면 몸도 튼튼해지고 도장 친구들과 친해져서 좋대요.
하지만 나는 운동을 좋아하지 않아요.
나는 책을 읽거나 그림 그리는 조용한 활동을 좋아해요.
엄마는 태권도장에 다녀야 한다고 말씀하셨지만 아빠는 괜찮대요.
아빠와 주말에 하는 등산이 몸을 건강하게 만들어주기 때문이래요.

1. 태권도를 배우면 좋은 점은 무엇인가요?

2. 내가 좋아하는 활동은 무엇인가요?

3. 나는 운동을 좋아해요? 싫어해요?

4. 태권도장에 다녀야 한다고 말한 사람은 누구인가요?

5. 태권도 대신 아빠와 주말에 무엇을 하고 있어요?

1. 내가 다니고 있는 학원의 이름을 말해보세요.
2. 태권도를 배우면 좋은 점에 대해 더 이야기 나눠보세요.
   ① 태권도는 우리나라의 전통 무술이에요. 태권도를 배우면 나를 지킬 수 있어요.
   ② 체력이 향상되고 건강해져요.   ③ 자신감도 생겨요.   ④ 집중력도 좋아져요.
3. 나는 건강을 위해 무엇을 하고 있나요?
   ① 자전거를 타요.
   ② 수영을 배워요.
   ③ 골고루 잘 먹어요.
   ④ 일찍 자고 일찍 일어나요.

이름:　　　　　　　날짜:　　　　　　　　　　

[눈과 비]

눈이 오면 밖에 나가서 놀 수 있어서 신이 나요.
눈사람도 만들고 눈싸움도 할 수 있어요.
비가 오면 밖에 나가서 놀 수 없어서 심심해요.
그래서 나는 비가 오면 싫어요.
하지만 엄마는 눈도 좋아하고 비도 좋아해요.
눈과 비가 내리는 풍경이 모두 예쁘다고 하세요.

1. 눈이 오면 내 마음은 어때요?

2. 눈이 오면 무엇을 할 수 있다고 했어요?

3. 비가 오면 안 좋은 점은 무엇인가요?

4. 눈도 좋아하고 비도 좋아하는 사람은 누구인가요?

5. 엄마는 눈과 비의 좋은 점이 무엇이라고 했어요?

1. 나는 어떤 날씨를 좋아해요?
2. 눈의 장점과 단점에 대해 한가지씩 더 말해보세요.
　① 장점 : 풍경이 예뻐요. 눈썰매를 탈 수 있어요.
　② 단점: 차가 막히고 도로가 지저분해져요. 미끄러워요.
3. 비의 장점과 단점에 대해 한가지씩 더 말해보세요.
　① 장점 : 과일과 채소들이 잘 자라요.
　② 단점 : 홍수가 나면 위험해요.

초판 1쇄	2024.10.21

지은이	김영희, 김민정
디자인/편집	윤미희
펴낸곳	도서출판 생각하는 아이원

주소	경기도 화성시 동탄대로시범길 20, 1425동 2102호
전화	031-204-3538
출판등록	제2023-000079호
ISBN	979-11-985701-1-6 (13370)

copyright 2024. 도서출판 생각하는 아이원. All rights reserved.
도서출판 생각하는 아이원이 이 책에 관한 모든 권리를 소유합니다. 본사의 동의 없이 책에 실린 글과 사진, 그림 등을 사용할 수 없습니다.

저자소개 **김영희·김민정**

김영희 인지선생님 아주대학교 교육대학원 특수교육 전공 및 졸업
김민정 1급 언어재활사 대구대학교 재활과학대학원 언어치료 전공 및 졸업

전 아이원언어발달센터 동탄1지점 센터장
전 아이원언어발달센터 평택점 센터장
전 아이원언어발달센터 서수원점 센터장
전 아이원언어발달센터 동탄2지점 센터장
현 아이원언어발달센터 수원영통점 센터장

생각이 자라는 의문사
단계별 읽기이해